DIE KUNST DER
SHAKER

DIE KUNST DER SHAKER

MICHAEL HORSHAM

KÖNEMANN

This book was designed and produced by
Quintet Publishing Limited
6 Blundell Street
London N7 9BH

Creative Director: Peter Bridgewater
Art Director: Ian Hunt
Designer: Sara Nunan
Project Editor: Henrietta Wilkinson
Artworker: Danny McBride
Picture Research: Liz Eddison

Original title: The Art of the Shakers

Könemann Verlagsgesellschaft mbH
Bonner Str. 126, D-50968 Köln
Redaktion der deutschen Ausgabe:
Thomas Paffen Buchproduktion, Münster
Satz: HEVO GmbH, Dortmund
Übersetzung aus dem Englischen: Inge Kahlix, Köln
Druck und Bindung: Sing Cheong Printing Co., Ltd.
Printed in Hong Kong
ISBN 3-89508-190-6

Inhalt

EINFÜHRUNG

LINKS *Der Pferdestall in Hancock, Massachusetts. Wie so oft weist die Shaker-Architektur eine Mischung aus fast klassischen Proportionen und einer traditionellen, landestypischen Bauweise auf.*

Die Aufnahme der Kunst der Shaker ins Design-Lexikon ist durchaus nicht unverdient, beinhaltet aber einen gewissen Widerspruch. Lagen doch die Ursprünge der Shaker-Objekte in einer religiösen Philosophie, die alle Wertmaßstäbe unserer Welt kategorisch verwarf und der nichts ferner lag, als Konzessionen gegenüber dem Diktat der jeweiligen Mode einzugehen oder gar eine (Design-)Marktlücke zu erobern. Shaker zu sein bedeutete, an einem von Gott inspirierten Experiment des sozialen Lebens teilzunehmen. Sozusagen nebenbei entstand eine Stilrichtung, deren Produkte mittlerweile als Kunstobjekte gelten. Als religiöse Lebensform hatte die Shaker-Bewegung letztendlich keinen Bestand. Zwar gibt es heute noch einige Shaker-Brüder und -Schwestern, sie zählen jedoch kaum mehr als ein Dutzend und leben auch nicht mehr in der ursprünglichen Ausschließlichkeit ihrer Vorfahren. Bemerkenswert ist, daß die Shaker weder ihre einzigartige Religion noch den egalitären Ansatz ihres sozialen Lebens der gegenwärtigen Welt vermacht haben, sondern die Produkte ihrer Handwerkskünstler und -künstlerinnen. All diese Kunstgegenstände haben die Zeit überdauert und erzählen ihre eigene Geschichte. Die Shaker glaubten fest daran, daß alles, was sie taten, unter den Augen Gottes geschah und ihm nichts verborgen blieb. Aus diesem Grund bearbeitete man die Innenseite einer Schublade ebenso sorgfältig wie das Äußere; und die Rückseiten der Stühle waren genauso gut gefertigt wie ihre Vorderseiten. Jede Arbeit verrichteten die Shaker zu Ehren Gottes – und das sieht man der Sorgfalt jedes einzelnen Objekts auch an.

Nach der Ankunft in Amerika standen die Shaker vor der Aufgabe, sich ihre eigene neue Welt zu gestalten. Die Vollkommenheit der Shaker-Siedlungen, die Einheit von Idee und Ausführung in allen Dingen, von der einfachen runden Spanschachtel bis zum beeindruckenden Runden Stall in Hancock, Massachusetts, oder den typischen weißen Gemeindehäusern in anderen Siedlungen, zeugt von der Art und Weise, wie die Anhängerschaft der Shaker-Bewegung wuchs und sich und ihre Philosophie verwirklichte. Im wahrsten Sinne des Wortes »erschufen« die Shaker die Welt um sich herum; dabei dienten ihnen Tugenden wie Anstand, Reinheit und Zweckmäßigkeit als Leitmotive. Der Kühnheit der Shaker-Designer ist es zu verdanken, daß heute ein Shaker-Objekt als schön und begehrenswert gilt und auf Auktionen hohe Preise erzielt. Bei ihren ersten Möbelstücken übernahmen sie traditionelle, landestypische

RECHTS *Ein Shaker-Raum. Das Zimmer zeigt viele exemplarische Shaker-Einrichtungsgegenstände, darunter die Hakenleiste oder Shaker-Leiste, an der sich fast alles an den Wänden unterbringen ließ.*

Stilrichtungen, vermieden jedoch jegliches unnötige Beiwerk. Ohne es zu beabsichtigen, legten sie damit das Fundament für eine neue Ästhetik. Das Besondere der Shaker-Stühle und anderer Möbel wird noch unterstrichen durch den bewußten Verzicht auf irgendwelche Zugeständnisse an Mode und Trends der Zeit. Hundertzwanzig Jahre vor Mies van der Rohe steckte bereits die Idee »weniger ist mehr« in den Maximen der Shaker: »Schönheit beruht auf Zweckmäßigkeit« und »jede Kraft erzeugt eine Form«. Mitte des 19. Jahrhunderts fand eine modische Elite in New York Gefallen an Shaker-Möbeln, später wurde man ihrer wieder überdrüssig. Sie überlebten all dies, da sie nicht für die Eitelkeiten, Modeströmungen und Kapriolen der zivilisierten Welt geschaffen wurden. Die Shaker-Gestaltung entsprang eben einer eigenen Welt, die sich ganz bewußt vom alltäglichen Leben im Amerika Ende des 18. und 19. Jahrhunderts unterschied.

Um ihr Auskommen zu sichern, sahen sich die heranwachsenden Shaker-Gemeinden dennoch mehr und mehr zur Zusammenarbeit mit der »Welt« gezwungen. Anfang des 19. Jahrhunderts blühte der

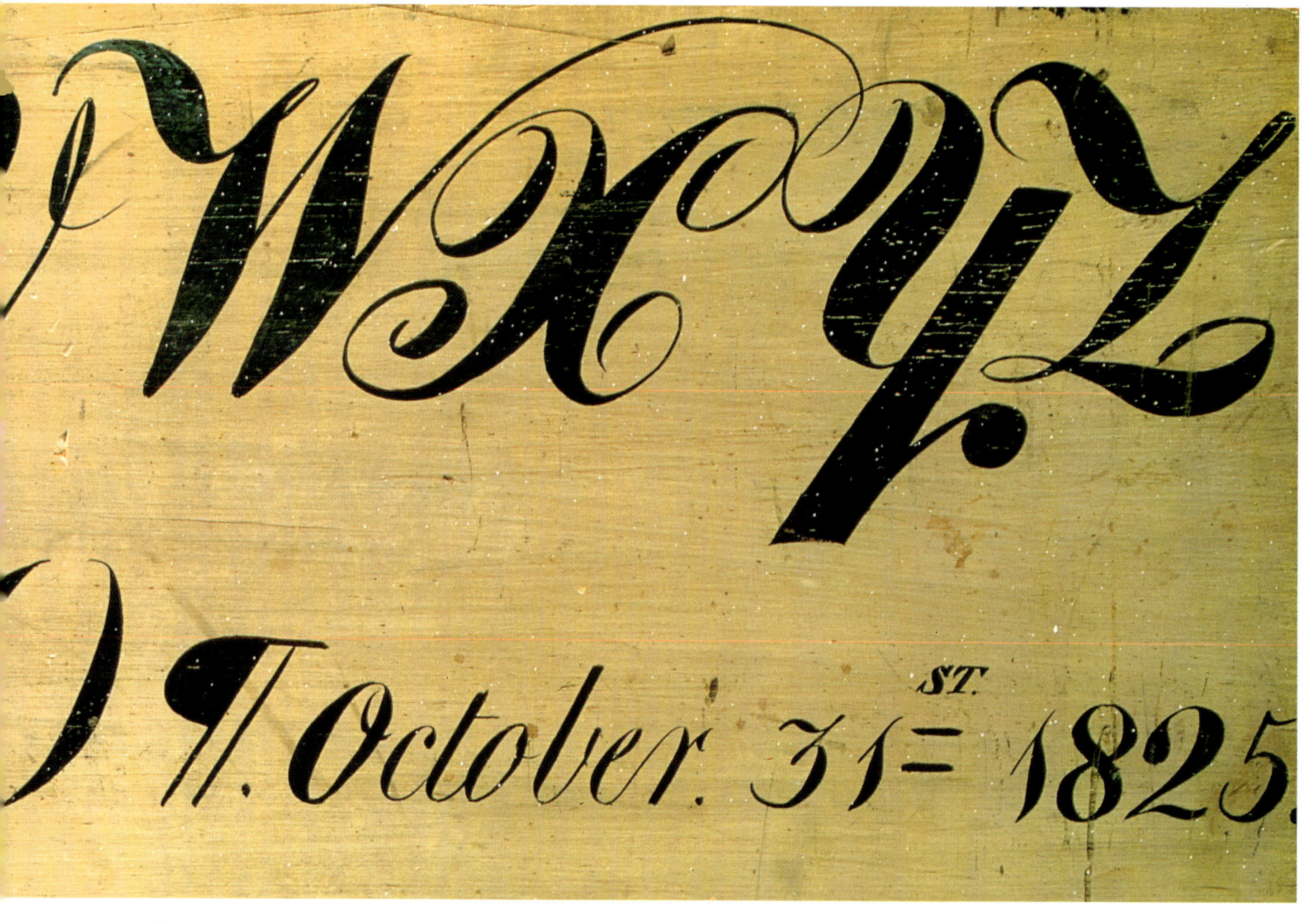

UNTEN *Ausschnitt aus der Alphabet-Tafel im Schulhaus von New Lebanon, New York.*

OBEN *Ein Hutspanner aus New Lebanon, New York.*

Handel mit Mobiliar, Besen, Saatgut, Eingemachtem und Dingen für den täglichen Gebrauch. Fünfzig Jahre später machte der amerikanische Bürgerkrieg alles zunichte. Und gegen Ende des 19. Jahrhunderts verlor die Shaker-Sekte merklich an Bedeutung. Es gab keine Neuzugänge, die Mitgliederzahl sank, und das Gebot des Zölibats verhinderte, daß aus der alten Shaker-Generation eine neue heranwuchs.

Rückblickend erkennt man, daß die Shaker-Bewegung schon früh dem Untergang geweiht war. Fähigkeiten in kommerziellen Belangen waren kaum vorhanden, und einige beträchtliche Landverkäufe besiegelten schließlich das Ende der Sekte. Und doch ist der Geist der Shaker immer noch gegenwärtig. Er zeigt sich in den frühen Objekten, den Stühlen, den Gebäuden, die von einer Arbeit zeugen, die im Geist und zum Wohl der Gemeinschaft verrichtet wurde. All diese Dinge wurden von Menschen geschaffen, denen der unerschütterliche Glaube an ihre Bestimmung als auserwähltes Volk die Hand führte. Heute steht der Begriff »Shaker« für einen ganz bestimmten Stil. Und noch einmal erfreut sich die durch *Mother Ann's* Philosophie aufs Wesentliche reduzierte ländliche Handwerkstradition wachsender Beliebtheit. Die heutige Präsenz in Museen, Auktions- und Einrichtungshäusern spricht für sich.

MOTHER
ANN LEE
BORN IN MANCHESTER
ENGLAND.
FEB. 29, 1736.
DIED IN WATERVLIET N.Y.
SEPT. 8, 1784.

Demgegenüber waren die Anfänge der Shaker-Bewegung eher bescheiden. Das England, dem Ann Lee entfloh, war ein Land, in dem die Mehrheit der Bevölkerung bittere Not litt. Die Lebens- und Arbeitsbedingungen in Städten wie Manchester, dem Geburtsort von Mutter Ann, waren ausgesprochen schlecht. Trotz einzelner Verbesserungen, die den Stadtverwaltungen gesetzlich diktiert wurden (zum Beispiel das *Cleaning and Lighting Act* von 1765), grassierten Krankheiten und Seuchen, die viele Menschen dahinrafften.

Die aus dem Boden schießenden städtischen Ballungsräume Nordenglands boten viel zuwenig Wohnraum für all die Menschen, die in die Fabriken der beständig wachsenden Baumwollindustrie strömten. Der erste wirtschaftlich bedeutende Binnenschiffahrtskanal, der Manchester mit den Bergbaurevieren verband, wurde im Jahr 1759 eröffnet. Auf einen Schlag sanken die Preise für Kohle um die Hälfte – dadurch stand der nächsten Industrialisierungswelle nichts mehr im Wege. Ganz im Gegensatz zu den materiellen Interessen der Industrie wurden die spirituellen Bedürfnisse der Menschen vernachlässigt. Im Jahr 1750 besaß Manchester für mehr als 20.000 Gläubige nur eine Pfarrkirche.

Im Nordwesten Englands war schon damals nicht die Anglikanische Kirche religiöse Hauptinstitution. Hier und auch in anderen Teilen des industrialisierten England gab es bereits eine Tradition der religiösen Abweichung und des Nonkonformismus. Während Manchester kaum mehr war als eine »schwärende Fabrikstadt«, wollte es der Zufall, daß die später so verehrte Ann Lee in »der kleinen Eiterbeule« geboren wurde. Als sie zum jungen Mädchen herangewachsen war, galt das Abweichen vom anglikanischen Glauben als nichts Besonderes. Es entstanden Personenkulte, die sich um John Wesley und seine Methodisten rankten sowie um Robert Barclay, einen der führenden Köpfe bei der Glaubensgemeinschaft der Quäker. Berücksichtigt man die miserablen Lebensbedingungen und die Hoffnungslosigkeit ihrer Situation als Mädchen der Arbeiterklasse, überrascht es nicht, daß Ann Lee von einer neuen Existenz träumte, fernab der täglichen Schinderei in einer Fabrikstadt. Nach Amerika brachte sie ihr unerschütterlicher Glaube.

LINKS *Das Grab von Mutter Ann in der Nähe von Albany, New York. Die Grabstätte der Begründerin der Shaker-Bewegung war von großer Bedeutung für die Shaker-Brüder und -Schwestern; hier fanden in früheren Zeiten rituelle Tänze statt.*

1

DIE GABE DER EINFACHHEIT

Die Geschichte der Shaker und ihrer Philosophie

LINKS *Ein Strickteppich (1890–1895), Kunsthandwerkern aus Hancock, New Hampshire, zugeschrieben.*

OBEN *Die Städte Manchester und Salford in der Mitte des 18. Jahrhunderts.*

Im Juli 1772 verhörte Richter Peter Mainwaring, von Beruf Arzt und Friedensrichter für den Bezirk Manchester, mehrere Personen im Mole Inn, Toad Street, Manchester. Man beschuldigte sie der »Schändung des Sabbats«. Am 20. Juli desselben Jahres erschienen folgende Zeilen im *Manchester Mercury*: »Vergangenen Samstag endeten die *Quarter Sessions* (vierteljährliche Gerichtssitzungen des Friedensrichters) damit, daß John Townley, John Jackson, Betty Lees und Ann Lee (allesamt Shaker) zu einer Geldstrafe von je 20 Pfund verurteilt wurden, weil sie die Christ Church in Manchester betraten und vorsätzlich und in verachtenswerter Weise die Gläubigen störten, die sich zu diesem Zeitpunkt in besagter Kirche zum Morgengebet versammelt hatten.« Im Jahr 1772 war die Summe von 20 Pfund nicht unbeträchtlich, sie entsprach mehr als 1.000 Pfund heutiger Währung, und es bestand wenig Aussicht darauf, daß Ann Lee und die anderen eine so große Geldsumme würden auftreiben können. Ann Lee, die weder lesen noch schreiben konnte, war die Tochter eines Hufschmieds und einer Fabrikarbeiterin, die ihr Geld auch als Zuschneiderin für Hüte und als Wäscherin verdiente. Die anderen der Gruppe waren entweder ebenfalls Hufschmiede oder übten nicht näher bestimmte Tätigkeiten aus. Die einzige Alternative zur Zahlung der Geldbuße war der Kerker, und so befand sich Ann Lee bald zusammen mit ihren Mitstreitern ordnungsgemäß hinter Gittern.

Es war nicht das erste Mal, daß Ann Lees Bekenntnis zur Lehre der Shaker sie mit dem Gesetz in Konflikt gebracht hatte. Das England des 18. Jahrhunderts, das dem Papsttum mit all seinem Pomp immer noch eher mißtrauisch gegenüberstand, ließ religiöses Abweichlertum durchaus zu und tolerierte eine Religionsausübung außerhalb der Anglikanischen Kirche. Eine solche abweichlerische Sekte waren die Quäker. James und Jane Wardley (oder Wardlaw) aus Bolton-on-the-Moors sagten sich im Jahr 1747 von den mittlerweile etablierten Quäkern los und gaben sich selbst den Namen »Shaking Quakers«. Diese Bezeichnung bezog sich auf das Verhalten der Gläubigen beim religiösen Erleben. Ihr Herumwirbeln, Hüpfen und Schütteln trug ihnen diesen Spottnamen ein. Der Name blieb haften, und die »Shaker« waren geboren. Ann Lee trat erst 1758 im Alter von 22 Jahren der Sekte bei. Damals waren James und Jane Wardley in religiösen Kreisen schon als Shaker bekannt. Sie unterschieden sich von den Quäkern grundlegend darin, daß sie der Adventistenlehre der französischen Kamisarden anhingen. Die Kamisarden waren Gegner des Katholizismus und hatten bereits 1706 ihren Glauben nach England gebracht, nachdem sie aus Frankreich geflohen und somit der Verfolgung entgangen waren, unter der sie nach dem Widerruf des Edikts von Nantes im Jahr 1685 litten. Ein wesentlicher Bestandteil ihrer Religion war

UNTEN *Quäker-Versammlung Anfang des 19. Jahrhunderts. Einige Quäker-Traditionen, wie die Zusammenkunft zum Gebet in einem eigens zu diesem Zweck gebauten Haus, wurden von der Splittergruppe der Shaker übernommen, die sich ansonsten von den allgemeinen Quäker-Praktiken losgesagt hatte.*

der Glaube an ein zweites Erscheinen Christi zusammen mit der Vorstellung von einer »höheren Stufe von Licht und Kraft«.

Im gleichen Maße wie sie sich von den Quäkern zunehmend absetzten, unter denen sich viele etablierte Geschäftsleute und Stützen der Gemeinde befanden, zogen sich die Shaker auch von der Gesellschaft zurück – was charakteristisch für ihre weitere Entwicklung werden sollte. Man brachte der Sekte mit ihrem Gesang und Tanz, Schütteln und Jauchzen, Reden in »fremden Zungen« und Prophezeiungen offenes Mißtrauen entgegen und verdächtigte sie sogar der Hexerei und anderer dunkler Machenschaften. Wenn Ann Lee in einer Stadt oder in einem Dorf auftauchte, kam es wiederholt zu Gewalttätigkeiten, oder es gab zumindest großes Gezeter, und mehr als einmal wurde Mutter Ann von Leuten angegriffen, die die Vorstellungen der Shaker als ketzerhaft ansahen. Jene frühen Ereignisse bildeten den Nährboden für die Legenden, die sich um Mutter Anns göttliche Sendung rankten. Leider bewahrte sie diese angebliche Göttlichkeit trotz all ihrer Kraft kaum vor Verdächtigungen und Feindseligkeiten. Das, was Mutter Ann als den Heiligen Geist in ihrem Inneren bezeichnete, konnte sie vielleicht vor gewaltsamen Übergriffen, nicht aber vor den geltenden Gesetzen eines Staates schützen, weshalb sie sich mehrfach im Gefängnis befand.

LINKS *Eins der wenigen Porträts von Ann Lee, der Gründerin der Shaker-Bewegung; es läßt kaum etwas von dem ihr zugeschriebenen Charisma oder ihrer angeblichen Schönheit erkennen.*

Während ihres letzten Einsitzens in einem englischen Gefängnis hatte sie die Vision einer utopischen Gesellschaft des Friedens in der Neuen Welt. Ann Lee gelangte zu der Erkenntnis, daß Kopulation die Wurzel allen Übels und Zölibat sowie Gehorsam die Lösung des Problems Sünde seien. Die Vorstellung einer Gemeinschaft, die sich im neuen Israel der amerikanischen Kolonien verwirklichen sollte, erschien Ann Lee so verheißungsvoll, daß sie nach ihrer Freilassung aus dem Gefängnis begann, Anhänger zu suchen, die mit ihr in der Neuen Welt das Heil finden sollten.

Von der Person Ann Lee ist nicht allzuviel bekannt. Allerdings muß ihr Charisma groß genug gewesen sein, acht Menschen nach Amerika zu führen und mit ihnen trotz schier unüberwindlicher Hindernisse die erste Shaker-Siedlung aufzubauen. Später gegründete Shaker-Gemeinden verklärten Mutter Ann zu einer Art Halbgöttin, um die sich unzählige Legenden rankten. Kurz bevor sie sich im Jahr 1774 mit ihrer kleinen Schar nach Amerika einschiffte, wurde Ann vor eine Versammlung zitiert, wo sie Rechenschaft über ihre Glaubenslehre und ihre angeblich gotteslästerlichen Handlungen ablegen sollte. Nach der Shaker-Legende hat sie die geistlichen Herren der Anglikanischen Kirche in große Verwirrung gestürzt, indem sie in fremden Zungen sprach. Dabei variiert die Schätzung der Fremdsprachenzahl von 12 bis 72. Eine Anekdote dazu besagt, daß Ann Lee mit ihren Sprachkenntnissen die Geistlichen so beeindruckte, daß sie die Glaubensprüfung abgebrochen und ihr eine Stelle als Lehrerin angeboten haben sollen!

Als Ann Lee am 10. Mai 1774 an Bord der *Mariah* von Liverpool aus nach New York aufbrach, wurde sie von acht Gleichgesinnten begleitet; darunter ihr jüngerer Bruder William Lee, ihr Ehemann Abraham Stanley, ein Hufschmied, und James Whittaker, ein entfernter Verwandter. Gegen Ende der dreieinhalb Monate langen Reise schlug das kleine Schiff leck. Alle wurden an die Pumpen gerufen. Eine Planke der Schiffswand war undicht geworden und hatte sich gelöst. Angeblich erschien Ann Lee genau in diesem passenden Moment ein Engel, der ihr versicherte, sie würde nicht untergehen, sondern überleben, um ihr Gelobtes Land zu erreichen. Kurz darauf – so die Legende – prallte eine riesige Welle gegen die Seite des angeschlagenen Schiffes, die lose Planke sprang an ihren angestammten Platz zurück und konnte abgedichtet werden. Am Samstag, den 6. August, legte der Dampfer in New York an und entließ die Shaker in ihre neue Heimat. Einem *Non-Believer* (die Shaker nannten sich selbst *Believer*, Gläubige) erscheinen die Legenden um Ann Lee ziemlich dubios. Der Glaube der später gegründeten Shaker-Gemeinden basierte auf der Gewißheit, daß Ann Lees Philosophien von Gott inspiriert und nicht in erster Linie die gotteslästerlichen Phantastereien einer zwar charismatischen, aber fehlgeleiteten Engländerin waren. Im *Summary View of the Millennial Church*, der Anfang des 19. Jahrhunderts erschien, steht folgendes über die geliebte Mutter Ann:

SIE WAR ETWAS KLEINER ALS ANDERE FRAUEN, STÄMMIG, ABER ANSEHNLICH, ANSONSTEN GUT PROPORTIONIERT UND VON EBENMÄSSIGER GESTALT. DIE HAUT HELL UND REIN, DIE AUGEN BLAU, DER BLICK SCHARF UND DURCHDRINGEND; DIE MIENE SANFT, DOCH AUSDRUCKSSTARK UND EHER ERNST UND WÜRDEVOLL. IHR BENEHMEN WAR SCHLICHT UND UNGEZWUNGEN. VIELE MENSCHEN AUS DER WELT, DIE SIE OHNE VORURTEILE BETRACHTETEN, NANNTEN SIE SCHÖN. FÜR IHRE GLÄUBIGEN KINDER STRAHLTE SIE EINE WÜRDEVOLLE SCHÖNHEIT UND HIMMLISCHE LIEBE AUS, WIE SIE NIE ZUVOR BEI STERBLICHEN GESEHEN WURDE.

UNTEN *Der geschäftige Handelshafen von Liverpool im 18. Jahrhundert – das Tor zur Neuen Welt.*

LIVERPOOL IN 1728.

OBEN *Das Gemeindehaus in Hancock, Massachusetts. Es war eins der ersten Gebäude dieser Art überhaupt und dem Ur-Gemeindehaus in New Lebanon (später Mount Lebanon) aus der Zeit um 1780 nachempfunden.*

In jenen frühen Tagen ihres Lebens im Distrikt Columbia hatte Ann Lee all diese Qualitäten auch bitter nötig, um Motivation und Moral ihrer kleinen Gefolgschaft aufrechtzuerhalten. Nach der Ankunft mußte sich die Gruppe aufteilen und zur Sicherung des Lebensunterhaltes Arbeit finden. Ann Lee kehrte zu ihrem früheren Dasein als Wäscherin zurück und war zeitweise so arm, daß es nicht einmal zum Abendessen reichte. Ihr Ehemann verließ sie – möglicherweise des zölibatären Lebens überdrüssig, dem sie sich verschrieben hatte. Damals mußten die Zukunftsaussichten der Shaker in jeder Hinsicht recht trostlos gewesen sein.

Ann Lee hielt ihren Glauben und den ihrer kleinen Schar von Getreuen aufrecht, und im Jahr 1776 konnten sie ein kleines Stück Land in Niskeyuna (dem späteren Watervliet) in der Nähe von Albany im Staat New York erwerben – die Basis für die erste Shaker-Siedlung. Im Jahr 1779 wurde das erste Wohnhaus der Gemeinschaft errichtet. Kurz nach der Fertigstellung brannte das Haus jedoch ab. Dieser Schaden brachte nicht die einzige Enttäuschung. Nach nunmehr fünf Jahren Anstrengung in der Neuen Welt war es den Shakern nicht gelungen, neue Mitglieder anzuwerben, im Gegenteil, durch den Fortgang von Mutter Anns Ehemann war die Sekte sogar geschrumpft. Darüber hinaus waren die Behörden schon auf Mutter Ann aufmerksam geworden und ließen sie als mutmaßliche englische Spionin überwachen. Amerika befand sich im Unabhängigkeitskrieg mit England, und die Kolonien waren für eine religiöse Fanatikerin aus England nicht gerade der beste Platz zum Leben. Dessen ungeachtet empfing Ann Lee weiter Visionen und Heimsuchungen und versicherte ihrer Gefolgschaft, daß der Tag nicht fern sei, an dem die Leute »in Scharen kommen, wie die Tauben auf die Fensterbank«.

Im Jahr 1780 wendete sich das Schicksal der Shaker. Entlang der Küste des Nordostens griff eine religiöse Wiedererweckungsbewegung um sich. Adventisten in den verschiedenen nordöstlichen Staaten kamen zu der Überzeugung, daß Jesus zum zweiten Mal erschienen war – ebenfalls eine der Grundfesten des Shaker-Glaubens. Auf einem ganztägigen Treffen der Baptisten-Gemeinde mit den Shakern in Watervliet gelang es Mutter Ann, den Baptisten-Geistlichen Joseph Meacham von der Tragfähigkeit ihrer eigenen besonderen Theologie zu überzeugen. Meacham schloß sich ihr an und brachte viele Mitglieder seiner Gemeinde mit. Endlich schien sich Mutter Anns Prophezeiung zu erfüllen, daß die Shaker tatsächlich dazu auserwählt waren, einen neuen Orden in einem neuen Land zu gründen.

Von 1781 bis 1783 reiste Mutter Ann durch die Nordstaaten und verbreitete die Lehre der Shaker. Die Doktrinen Zölibat, Separatismus, Bekenntnis und Konversion müssen recht überzeugend gewirkt haben; den weiteren Erfolg kann man als Beweis von Ann Lees Charisma werten. Während der zwei Jahre dauernden Reise wurden Shaker-Kolonien in Harvard, Shirley und Hancock, Massachusetts, sowie in Enfield, Connecticut, und in New Lebanon, New York, gegründet. Es kam aber auch zu feindseligen Ausschreitungen gegenüber Ann Lee, möglicherweise weil die einheimischen Amerikaner sie der Hexerei oder Spionage verdächtigten, in den Augen der frischgebackenen amerikanischen Bürger gleichermaßen abscheuliche Verbrechen. Erschöpft von den langen Reisen und den damit verbundenen Widrigkeiten erkrankte Mutter Ann nach ihrer Rückkehr nach Watervliet und starb dort am 8. September 1784 im Alter von 48 Jahren. Nach ihrem Tod übernahm James Whittaker die geistliche Führung der Sekte, und eine seiner ersten Amtshandlungen war am 15. Oktober 1785 der Baubeginn des Gemeindehauses in New Lebanon. Im Jahr 1786 war das Gebäude fertiggestellt, und an Weihnachten desselben Jahres traf die Gemeinde zum ersten Mal zum Gottesdienst zusammen.

Im darauffolgenden Jahr starb auch James Whittaker. Sein Nachfolger als Führer der immer noch wachsenden Sekte wurde Joseph Meacham von der Gemeinde Enfield. Im September desselben Jah-

EIN FRÜHER PLAN FüR DIE SHAKER-GEMEINDE IN CANTERBURY, NEW HAMPSHIRE.

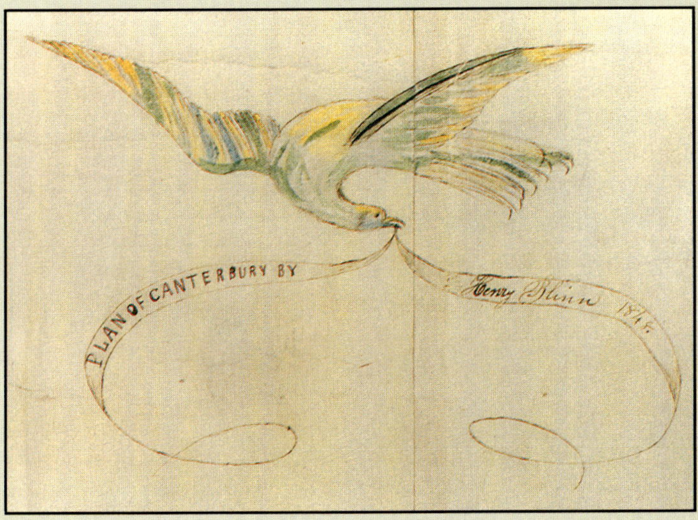

1

2

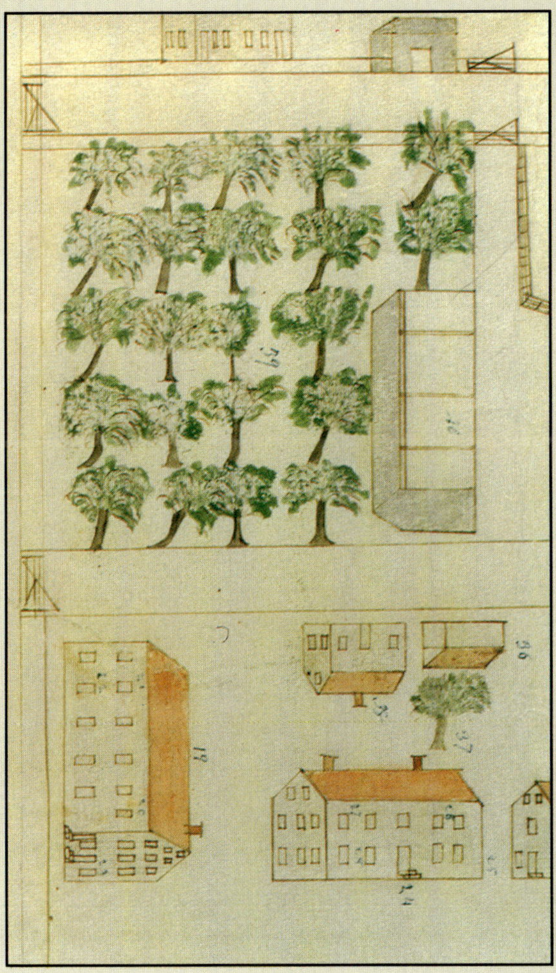

3

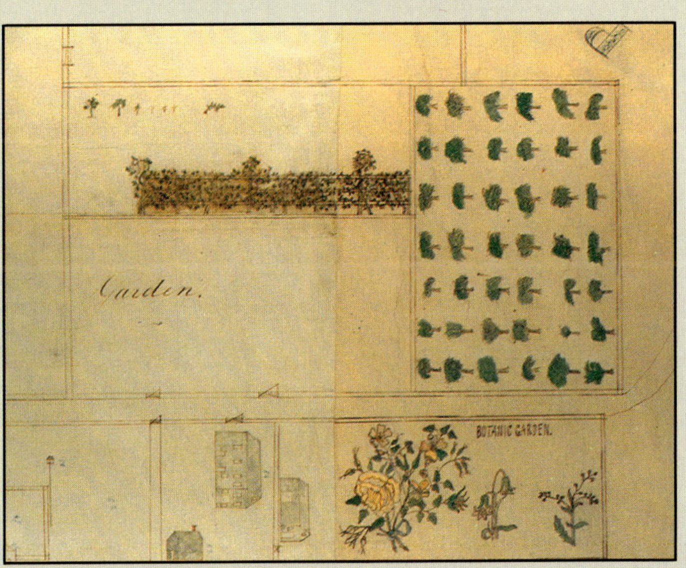

4

1 Umschlag eines Plans für die Siedlung in Canterbury. Die Zeichnung scheint von der Ikonographie der Heiligen Dreifaltigkeit inspiriert zu sein, die aber keine Rolle in der Shaker-Theologie spielte.

2, 3 und 4 Die Zeichnungen zeigen Gebäude, Äcker und Gärten.

res trat ihm Lucy Wright zur Seite, und die Gemeinde kam zum ersten Mal als *United Society of Believers in the First and Second Appearance of Christ* (Vereinigte Glaubensgemeinschaft, die an das erste und zweite Erscheinen Christi glaubt) zusammen. Rasch ließen die Organisatoren der Sekte im Jahr 1788 einen Bündnisbeschluß in New Lebanon folgen. Im nächsten Jahr wurden die Gemeinden in Hancock, Massachusetts, und Enfield, Connecticut, formal als Ordensgemeinschaft zusammengeschlossen, die Fundamente für ein Gemeindehaus waren bereits im August 1786 gelegt worden. Um 1791 entstand das neue Gemeindehaus in Watervliet, somit war eine Verbindung zu den Ursprüngen hergestellt. Ein Jahr später wurde die Gemeinschaft in New Lebanon zum *Gospel Order with United Interests* (in den geistlichen Stand im Interesse des Gemeinwohls) erhoben, und es schien, als hätte Mutter Anns Theologie endlich eine feste Basis. Eine Verfassung wurde im Jahr 1795

UNTEN *Für die Hausversammlung aufgestellte Shaker-Stühle. Die Zusammenkünfte fanden dreimal wöchentlich statt, nur bei dieser Gelegenheit durften die Brüder und Schwestern zwanglos miteinander plaudern.*

schriftlich niedergelegt, sie enthält die Grundsätze des Glaubens und der Lebensform der Shaker.

Die Lebensordnung der Shaker basiert auf einer im Grunde sehr einfachen Philosophie, die sich um Gleichheit, Bescheidenheit, Bekenntnis und Glauben bemüht. Als Benjamin Youngs im Jahr 1808 sein *Testimony of Christ's Second Appearing* (allgemein als Shaker-Bibel bekannt) schrieb, nahm er darin viel von diesem Gedankengut auf. Im Jahr 1812 folgten die *Millennial Laws* (Gesetze des Tausendjährigen Reiches Christi). Die Popularität der Shaker nahm rapide zu. Schon um die Jahrhundertwende, als sich die Mitgliederzahl der Sekte von ursprünglich acht auf eintausend Gläubige erhöht hatte, schien zur Sicherung des harmonischen Zusammenlebens, das die Grundlage ihrer egalitären Lebenseinstellung bildete, eine feste Gesetzgebung auf Dauer unumgänglich. So wurden die *Millennial Laws* zu den Regeln, nach denen sich alle Shaker richteten. Diese Gesetze, die jeden Aspekt im Leben einer Shaker-Gemeinschaft berücksichtigen, waren im relativ kurzen Zeitraum des Bestehens der ersten Shaker-Gemeinden entwickelt worden. Sie ermöglichten die Schaffung einer eigenständigen Enklave innerhalb der Vereinigten Staaten auf ihrem Weg zur Unabhängigkeit. Bereits im Jahr 1792 zählte die Gemeinde in New Lebanon stolze 214 Bewohner: 109 Männer und 105 Frauen im Durchschnittsalter von 24 Jahren. Diese Konstellation in einer zölibatären, gleichberechtigten und egalitären Gemeinschaft erforderte feste Regeln für das Zusammenleben von Männern und Frauen. Die amerikanische Verfassung ließ jegliche individuelle Glaubensausübung zu; demzufolge besaßen die Shaker alle Freiheiten, ihren eigentümlichen Gebeten und Gottesdiensten eine Form zu geben.

OBEN *Dieses religiöse Bild »Ein Geschenk der Heiligen Mutter an Bruder John C., 7. September 1848« wird Polly Ann »Jane« Reed zugeschrieben (1818–1881). Sie gehörte zur Shaker-Familie von New Lebanon, New York.*

Das Bemühen um Gleichheit und Einheit wirkte sich mäßigend auf die Formen religiöser Verzückung aus, die anfänglich aufsehenerregende und höchst individualistische Ausmaße erreichten. Novizen wurden in der Frühzeit der Shaker mit dem manchmal irritierenden Anblick von Brüdern und Schwestern konfrontiert, »wenn gerade der Heilige Geist über sie kam«. Regelmäßig fiel der eine oder die andere in religiöser Ekstase mit verrenkten Gliedern zu Boden, drehte sich um die eigene Achse, rannte umher, zuckte, sprach oder sang in fremden Zungen. Die Einheit mit dem Heiligen Geist dokumentierte man ganz freimütig durch Zurschaustellung der Gaben Gottes, wie die Shaker die göttliche Inspiration bezeichneten. Diese Form des Gottesdienstes war jedoch dem Gleichheitsgedanken kaum dienlich. Alle Versammlungen endeten unweigerlich in höchst extravaganten Darstellungen göttlicher Intervention. Ein frischbekehrter Shaker konnte dabei wohl kaum etwas anderes empfinden als Irritation, sah er sich doch von Menschen umgeben, die sich bereits perfekt in der Annahme und im Umgang mit diversen Gottesgaben zeigten.

Die Gabe des Herumwirbelns, die Gabe des Gesangs, die Gabe

des inspirierten Malens und die Gabe des Reimens stellten nur einige Facetten der religiösen Entfaltungsmöglichkeiten der Shaker dar. Wenn der Heilige Geist über einen Gläubigen kam, bedeutete dies nur eine Stufe auf dem Weg, seine Seele für den Herrn zu öffnen – es war der erste Schritt auf dem Weg zum echten Shaker. Bei der ständigen Suche nach Ordnung und Harmonie, die als wesentlicher Bestandteil in den Shaker-Alltag eingebettet war, wurden neue Formen von Gottesverehrung entwickelt, wie eine festgelegte Schrittfolge für einen Tanz, dessen Melodie von den Vorsängern einer Shaker-Familie intoniert wurde. Tänze wie den *square order shuffle*, den *ring dance* und viele andere Varianten probte man in der Woche, um sie dann beim sonntäglichen Gottesdienst perfekt zu zelebrieren. Die Gläubigen wurden nicht zu diesen Übungen ermuntert, um ihrer Eitelkeit zu frönen, sondern damit Einheit und Gemeinsinn, Symmetrie, Einfachheit und Perfektion jeden Aspekt des Shaker-Lebens durchdringen sollten.

Außerhalb des Gemeindehauses und des Sonntagsgottesdienstes manifestierte sich die Shaker-Philosophie eher als Ruhe und Ordnung in allen Dingen, als geregelter Alltag, der dem Wohl der Gemeinschaft und einem Leben als Shaker bis in die letzte Konsequenz gewidmet war. In ihrer Blütezeit repräsentierte die Shaker-Bewegung die Quintessenz einer ganzheitlichen und streng geordneten Lebensphilosophie. Da überrascht es nicht, daß sie viele Menschen anzog, die nach ihrer Ankunft in der Neuen Welt vor dem Problem standen, sich in einer weitgehend unzivilisierten Wildnis zurechtzufinden. Das Charisma von Mutter Ann wirkte fort. Obwohl sie selbst weder lesen noch schreiben konnte, hatte sie einige knappe, kurz und bündig formulierte Lebensregeln geprägt, die den Brüdern und Schwestern bei der Gestaltung ihres Glaubens und der Bewältigung des Alltags halfen. Die Erben von Mutter Ann haben offenbar deren hausgemachte Philosophie niedergeschrieben und in eine Shaker-Verfassung eingefügt. Mutter Anns Aussprüche komprimierten die Einstellung der Shaker zum Leben und zur Arbeit: »Wenn du eine Gabe an dir förderst, wird Gott dir mehr davon geben«, »die Hände bei der Arbeit, die Herzen bei Gott«, »Tue deine Arbeit so, als ob du tausend Jahre vor dir hättest, und so, als ob du morgen sterben müßtest« und »Kleinigkeiten machen Perfektion aus, aber Perfektion ist keine Kleinigkeit«.

Zu Beginn des 19. Jahrhunderts wuchs die Shaker-Sekte kontinuierlich, und es schien, als würde sich Ann Lees Prophezeiung bewahrheiten. Nach wie vor dienten die *Millennial Laws* der Aufrechterhaltung der Shaker-Ordnung in den neuen Gemeinden, die sich aus der Urgemeinde, der Church Family in New Lebanon entwickelten. Ungeachtet Mutter Anns kurzgefaßter Art und Weise, die Dinge anzugehen, wurde die Philosophie der Shaker durch die Veröffentlichung von *The Testimonies of the Life, Character, Revelations and Doctrins of our ever Blessed Mother Ann Lee* im Jahre

OBEN *Fotografie von Shaker-Brüdern und -Schwestern vor dem Wohnhaus in South Union, Kentucky, um 1885. Obwohl die Sekte zu diesem Zeitpunkt merklich geschrumpft war, hielten die Shaker an ihren rigiden Vorschriften für Kleidung und Umgangsformen fest.*

1816 verbreitet. Letztendlich waren es jedoch die *Millennial Laws*, die die strenge Lebensordnung der Shaker vorgaben und regelmäßig von den jeweils verantwortlichen Führungsgremien der Sekte auf den neuesten Stand gebracht wurden.

Jeder Aspekt des täglichen Lebens, vom Aufstehen bis zum Schlafengehen, wurde durch diese Gesetze geregelt, und es gab keinerlei Spielraum für Dinge, die dazu hätten führen können, weltliche Verhaltensweisen wieder attraktiv zu finden. Die Gesetze legten fest: »Kein Mann und keine Frau dürfen private Beziehungen haben oder sich schreiben, sie dürfen sich auch nicht unnötig berühren.« Reinheit sollte durch die Bindung an die Gemeinde entstehen und wurde angestrebt durch die Form des Gottesdienstes, der Kleidung, die sie trugen, der Wohnhäuser, in denen sie lebten, der Stühle, auf denen sie saßen, und der Schreibtische, an denen sie schrieben. Der Gemeinsinn wurde noch untermauert durch die Verpflichtung zur Ehelosigkeit, den Verzicht auf persönlichen Besitz und die Abkehrung vom weltlichen Leben außerhalb der Shaker-Gemeinde. Shaker zu sein bedeutete, sich selbst als Individuum und als Individuum innerhalb der Welt neu zu definieren.

Jeder *Believer* mußte sich dem Wohl der Gemeinschaft unterwerfen. Alles, was die Welt draußen an Statussymbolen, Reichtümern und Eitelkeiten bereithielt, wurde durch die *Millennial Laws* verurteilt oder sogar verboten. In dem Kapitel »Überfluß, den wir nicht brauchen« wurde festgelegt:

MODEARTIKEL JEGLICHER ART ODER DINGE, DIE VERZIERT ODER GESCHMÜCKT SIND, GEHÖREN NICHT ZU EINEM *BELIEVER* UND SOLLEN VON DIESEM WEDER BENUTZT NOCH ERWORBEN WERDEN, DAZU GEHÖREN FOLGENDE AUSDRÜCKLICH GENANNTEN GEGENSTÄNDE:
SILBERNE FÜLLFEDERHALTER; SILBERNE ZAHNSTOCHER; GOLDENE FÜLLER ODER FEDERHALTER; SILBERNE LÖFFEL; SILBERNE FINGERHÜTE (ERLAUBT SIND FINGERHÜTE MIT SILBERRAND); GOLDENE ODER SILBERNE ARMBANDUHREN; MESSINGKNÖPFE ODER -GRIFFE IN JEDER GRÖSSE ODER ART; MESSER MIT MEHREREN KLINGEN; MESSERGRIFFE MIT GRAVUR ODER BILDMOTIV; MESSER MIT BEIN- ODER HORNGRIFFEN, AUSGENOMMEN TASCHENMESSER; BEIN- ODER HORNSPULEN; ÜBERFLÜSSIGE NÄHTE; VERZIERTE ZINNGEGENSTÄNDE; ÜBERFLÜSSIGE PAPIERSCHACHTELN JEDER ART; BUNTE SEIDENTASCHENTÜCHER; GRÜNE SCHLEIER; GEKAUFTE DUNKEL GEFÄRBTE BAUMWOLLTASCHENTÜCHER FÜR SCHWESTERN; DIE SCHWESTERN DÜRFEN KEINE KARIERTEN TASCHENTÜCHER VON AUSSEN KAUFEN, MIT AUSNAHME VON KOPFTÜCHERN; SPITZE FÜR HAUBEN; ÜBERFLÜSSIGE HOSENTRÄGER JEGLICHER ART; DIE SCHREIBTISCHE DÜRFEN NICHT VON DEN EINFACHEN MITGLIEDERN BENUTZT WERDEN, NUR MIT AUSDRÜCKLICHER ERLAUBNIS DER ÄLTEREN. AUCH FOLGENDE ARTIKEL SIND NICHT ANGEMESSEN, NAMENTLICH VERZIERTE ODER MIT BLUMENMOTIVEN BEMALTE UHREN, SPIEGELKOMMODEN ODER SPIEGEL; AUSSERDEM UNNÜTZ BEMALTE ODER MODISCH GEFORMTE KUTSCHWAGEN ODER SCHLITTEN, UNNÜTZ VERZIERTES PFERDEGESCHIRR UND VIELE ANDERE DINGE, DIE ZU ZAHLREICH SIND, SIE ALLE HIER AUFZUFÜHREN. DIE OBEN ERWÄHNTEN GEGENSTÄNDE SIND IM AUGENBLICK STRENG VERBOTEN, ABER SOLLTE DIE *MINISTRY* ES FÜR RICHTIG ERACHTEN, IRGENDWELCHE DIESER DINGE EINZUFÜHREN, DIE NICHT UNNÜTZ VERZIERT SIND, WIRD DIE VERBOTSREGEL FÜR DEN GEBRAUCH DIESER ARTIKEL HIERMIT AUFGEHOBEN.
BELIEVER DÜRFEN AUF KEINEN FALL FÜR DEN VERKAUF ARBEITEN, ALLE GEGENSTÄNDE ODER DINGE MIT UNNÜTZEM ZIERAT, DIE MENSCHLICHER HOFFART UND EITELKEIT FÖRDERLICH SIND, KÖNNEN ZUM GEBRAUCH UNTEREINANDER NICHT GEDULDET WERDEN, EBEN WEGEN IHRER ÜBERFLÜSSIGKEIT.

OBEN *Der* Ministry Shop *(Verwaltungsbüro) und das Gemeindehaus in Sabbathday Lake, Maine. Auch dieses Versammlungshaus wurde nach demselben Schema erbaut wie das Vorbild in New Lebanon.*

Auch wenn man sich bemühte, durch Anwendung dieser Gesetze alle Gebrauchsgegenstände mit Prestigecharakter auszurotten, brauchte eine so große Organisation wie die Shaker eine hierarchische Struktur zur Regelung des Lebens in den einzelnen Gemeinden. Um 1850 soll es an die 6.000 Sektenmitglieder, verteilt auf 18 Gemeinschaften, gegeben haben. Nahe beieinanderliegende Gemeinden wurden zu einer Art Diözese oder Bistum zusammengefaßt, die von sogenannten *Ministries*, einer Art Gemeinderat, verwaltet wurden. Dieser bestand aus *Elders* und *Eldresses* (der/die Älteste) bestimmter *Families* (Familien), die im Turnus wechselten.

Die *Ministry* war ein sich selbst erneuerndes Verwaltungsgremium, das die Befugnis hatte, neue Mitglieder selbst zu wählen. Im Grunde war es diese Gruppe, die die Gesetze der Shaker beschloß. Jede Gemeinde war je nach Größe in Familien untergliedert. Jede Familie besaß ihr Oberhaupt: einen *Elder* und eine *Eldress*, die für das geistige Wohlergehen und die allgemeinen Angelegenheiten der Wohneinheit, in der sie lebten, Verantwortung trugen. In einigen der älteren Gemeinden gab es eine weitere Rangordnung: Die älteste Familie am Ort nannte sich *Church Family* oder *Centre Family*, während die anderen Familien durch ihre geographische Lage zur *Church Family* bezeichnet wurden, z. B. *East Family* oder *West Family*. Proportional zum Wachstum der Shaker-Bewegung nahmen auch die Komplexität ihrer Struktur sowie die Handelskontakte mit der Außenwelt zu, bis das »Shaker-Experiment« nur noch wenig zu tun hatte mit seinen bescheidenen Anfängen und der schlichten Ausübung des Glaubens.

Die frühe Blüte der Shaker führte zu einem Zustrom potentieller neuer Mitglieder, die man Novizen nannte: Soldaten der revolutionären Truppen, Arbeiter aus Skandinavien, Großbritannien und anderen Teilen Europas, außerdem auch einige Amerikaner der zweiten Generation. Sie alle fühlten sich durch die relative Sicher-

UNTEN *South Union, Kentucky, um 1885. Das Wohnhaus der* Centre-Family *(1824) und im Vordergrund das Gemeindehaus (1818). Im Gegensatz zu dem Prototyp aus Holz in New Lebanon ist das Gebäude aus Backsteinen erbaut und zeugt vom wachsenden Wohlstand der Shaker.*

OBEN *In einem Shaker-Haus. Die Räume waren stets nach demselben Grundmuster eingerichtet. Die bescheidene Zurückhaltung bei Konzeption, Ausführung und Einrichtung schafft eine Atmosphäre einheitlicher Schlichtheit, Wärme und Zweckmäßigkeit.*

heit der Shaker-Gemeinden angezogen. Und die Shaker nahmen bereitwillig jede Seele auf, die ihr Engagement durch die Bekehrung zum Shaker-Glauben bekundete. Zu jenen Novizen gehörte Thomas Brown, Autor des Buches *The People Called Shakers* aus dem Jahr 1824. Die einfache Lebensform, die weder durch Heirat, Sex, Mode noch durch andere weltliche Eitelkeiten verkompliziert wurde, besaß für ihn so große Anziehungskraft, daß er den Shakern zunächst beitreten wollte, es letztendlich aber doch bleiben ließ. In seinem Buch beschreibt er die Versammlungen der Shaker und den Empfang der Gaben und schildert seine eigenen Empfindungen bei diesen Ereignissen.

Thomas Browns Ansichten wurden allerdings nicht von jedem Berichterstatter geteilt, der mit der Lebensform der Shaker in Berührung kam. In dem 1859 erschienenen Buch *The Communistic Societies of the United States of America* schreibt Charles Nordhoff über seine eigenen Erlebnisse, nachdem er von den Shakern in eins ihrer Gemeindehäuser aufgenommen wurde:

ICH BEFAND MICH IN EINEM BEHAGLICHEN RAUM MIT NIEDRIGER DECKE, DER DURCH EINEN GESCHLOSSENEN OFEN GEHEIZT WURDE UND MIT EINEM SCHMALEN BETT, SECHS STÜHLEN, EINEM GROSSEN, MIT SÄGEMEHL GEFÜLLTEN HÖLZERNEN SPUCKNAPF, EINEM SPIEGEL UND EINEM TISCH MÖBLIERT WAR. DEN BODEN BEDECKTEN LOCKER AUSGELEGTE SCHMALE FLICKENTEPPICHE IN ANSPRECHENDEN RUHIGEN FARBEN, AN DER WAND NAHE DEM OFEN HINGEN KEHRBLECH, SCHAUFEL, STAUBWEDEL UND EIN KLEINER BESEN. EINE TÜR FÜHRTE IN EINEN RAUM MIT EINEM ZWEITEN BETT UND EINER WASCHGELEGENHEIT. EIN WANDSCHRANK ENTHIELT ZÜNDHÖLZER, SEIFE UND ANDERE NÜTZLICHE DINGE. ALLES WAR SEHR SAUBER UND GEPFLEGT. AUF DEM TISCH LAG EINE ANZAHL SHAKER-BÜCHER UND -ZEITUNGEN. IN EINER ECKE DES ZIMMERS HING EINE GLOCKE, DIE, WIE SICH SPÄTER HERAUSSTELLTE, DAZU DIENTE, DEN GAST ZU DEN MAHLZEITEN ZU RUFEN. ALS ICH AUS DEM FENSTER BLICKTE, BEMERKTE ICH, DASS DER SCHIEBERAHMEN MIT SCHRAUBEN VERSEHEN WAR, MIT DENEN ER SO FESTGESTELLT WERDEN KONNTE, DASS ER BEI WIND ODER STURM NICHT KLAPPERTE. DABEI WURDE DER UNTERE SCHIEBERAHMEN ETWAS ANGEHOBEN UND IN DEN SPALT EIN KLEINES GENAU PASSENDES BRETT EINGESETZT: DIES GESTATTETE EINE STETS ZUGFREIE ZUFUHR VON FRISCHER LUFT ZWISCHEN DEM OBEREN UND UNTEREN RAHMEN.

UNTEN *Das Schulgebäude in Canterbury, New Hampshire. In die mit Deckleisten verschalten Außenwände sind die obligaten Schiebefenster eingebaut.*

Dieser Auszug und natürlich das ganze Buch sagen viel aus über die Lebensform der Shaker: die Einbauschränke; die Shaker-Bücher und -Zeitungen; die schmalen Betten, die zur Standardeinrichtung für alle Brüder und Schwestern gehörten; die Feststellung, daß die Flickenteppiche lose auf dem Boden lagen und an keiner Stelle angenagelt waren, so daß das Säubern der Holzböden erleichtert wurde; die allgemeine Sauberkeit – all dies charakterisiert die Shaker und ihre Einstellung zum Leben. Für die Bewohner der Shaker-Gemeinden war alles nicht mehr und nicht weniger als eine Gabe Gottes. Die wohl bekannteste Verklärung dieser Idee findet sich in folgendem Liedtext, zu dessen Melodie die Shaker gewöhnlich ihre feierlich-religiösen Tänze zelebrierten:

Nimm's als Gabe, sei einfach.
Nimm's als Gabe, sei frei.
Nimm's als Gabe, zu stranden, wo auch immer es sei.
Und finden wir dann einmal den Platz unserer Wahl,
soll voll sein von Freude und Liebe das Tal.
Lasset uns werden so vollkommen schlicht,
komm, beuge und wiege dich und schäme dich nicht.
Und wir drehn uns und drehn uns zu unserem Spaße,
bis wir wirbeln, wirbeln in Glück und Ekstase.

2

MÖBEL UND ANDERE OBJEKTE

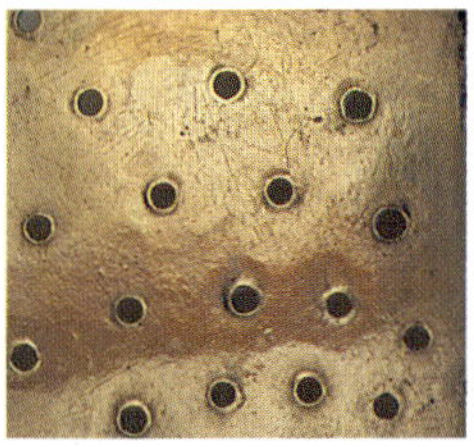

LINKS *Zwei Stapel ovaler* nice boxes, *typisches Produkt der Manufakturen vieler Shaker-Gemeinden. Die Schwalbenschwanz-Verbindungen der Spanschachteln sind gut zu erkennen.*

OBEN *Ein Waschtisch, schlicht und solide gebaut. Vom Erfindungsreichtum der Shaker zeugt der runde Eimerhalter. Er läßt sich mittels Scharnieren unter dem Becken ausschwenken, damit man leichter an den Behälter für das Schmutzwasser herankommt.*

Shaker-Möbel und überhaupt alle Gebrauchsgegenstände der Shaker spiegeln die Begegnung von religiösen und weltlichen Prinzipien wider. Als Ganzes gesehen unterlag die Herstellung der Shaker-Möbel dem Diktat der Shaker-Philosophie, was Grundsätze der Arbeit, die Frage von Überflüssigkeit und Zweckmäßigkeit anbetraf; andererseits wurde das Erscheinungsbild der Möbelstücke ebenso von jenen Handwerkstraditionen geprägt, die von den Stuhl- und Möbeltischlern schon zur Gründungszeit der Shaker mit in die Neue Welt gebracht worden waren. Viele der Frühbekehrten, die den Stil für spätere Generationen bestimmen sollten, stammten aus Nordeuropa und waren dort in den für ihre Region typischen Techniken ausgebildet worden. Noch die amerikanischen Shaker der zweiten Generation erlernten ihre Handwerkskunst von Einwanderern aus der Kolonialzeit.

Allerdings unterschieden sich die Möbelstücke eines x-beliebigen grundsoliden Dorftischlers in England, Schweden oder Amerika in einem ganz entscheidenden Punkt von den Möbeln der Shaker: Während der Zeit, in der ein »gewöhnlicher« Tischler zum Shaker-Tischler wurde, hatte sich dessen Einstellung zu seiner Arbeit grundlegend verändert. Ein Shaker-Handwerker arbeitete ausschließlich zur Ehre seines Gottes. Doch obwohl sich Shaker-Zimmerleute ausdrücklich von jeder Form oberflächlicher Verzierung distanzierten – wie sie hingegen für Häuser der aufstrebenden amerikanischen Mittelklasse typisch waren –, gelang es ihnen nicht immer, ihren Handwerkerstolz gänzlich zu unterdrücken. Sie interpretierten ihn als von Gott inspirierten Eifer. Grundsätzlich bestand bei den Shakern keinerlei Bedarf an schönen und anmutigen Möbeln. Nur der Verwendungszweck sollte die äußere Gestalt bestimmen. »Jede Kraft erzeugt eine Form«, lautete eine der Shaker-Maximen. Und da die Shaker an einen Gott glaubten, dem nichts verborgen blieb, behandelten sie jedes Detail eines Möbelstücks mit der gleichen Sorgfalt. Das Fehlen von aufwendig gedrechselten Knäufen oder üppigen Verzierungen an einer Stuhllehne ist ebenso charakteristisch für die Stühle der Shaker wie die Sorgfalt, mit der die Schubladenfront eines Schrankes abgeschrägt wurde.

Am deutlichsten zeigen sich diese typischen Merkmale der Shaker-Handwerkskunst bei den frühen Möbeln. Edward Deming Andrews, führende Autorität bei den Shakern, unterteilt ihre Möbelproduktion in drei Phasen: die frühe, die mittlere und die späte. In der frühen Periode, von der Gründung der ersten Gemeinden bis zum ersten Jahrzehnt des 19. Jahrhunderts, entstanden Möbel mit den genannten Merkmalen. Nie war das Vertrauen auf die Kunstfertigkeit des Handwerks so groß wie in dieser Zeit. Die mittlere Periode, vom Jahre 1810 bis zum amerikanischen Bürgerkrieg (1861–1865), erlebte die Entwicklung der typischen Shaker-Designelemente hin zu einem leicht identifizierbaren Stil. Die Einführung der maschinellen und rationellen Massenproduktion hingegen führ-

te zu einer Verarmung des individuellen Charakters der Möbelstücke aus den verschiedenen Gemeinden. Obgleich jeder Stuhl, jeder Schaukelstuhl und jedes andere Stück aus New Lebanon oder Watervliet eindeutige Details besaß, die es als Produkt dieser Werkstätten auszeichnete, trugen die Möbel zunehmend seltener den Stempel wahrer Handwerkskunst. Die Stuhlpfosten wiesen mehr und mehr Spuren der Drehbank und andere verräterische Anzeichen auf, die eher das Vertrauen auf eine zuverlässig funktionierende Maschine offenbarten als die Zuversicht auf Gottes Inspiration – nichtsdestoweniger waren es echte Shaker-Stücke. Die späte Periode vom Ende des 19. Jahrhunderts an verzeichnete einen drastischen Rückgang der Möbelproduktion, da die Gemeinden zunehmend verfielen und in Isolation gerieten. Und da es immer schwieriger wurde, Nachwuchs für die dahinschwindende Sekte zu finden, stieg das Durchschnittsalter der Bewohner in den Gemeinden. Es gab kaum noch Bedarf an neuem Mobiliar für die bestehenden Siedlungen, Aufträge aus der äußeren Welt nahmen ab, und um ein Haar wäre die Shaker-»Industrie« ausgestorben.

In allen drei Perioden, in denen sich die Shaker mit der Produktion von Waren für den Eigenbedarf und Handel beschäftigten, stellten sie einige sehr typische Möbelstücke in beträchtlichen Mengen für einen regionalen Markt her, während andere Modelle fast ausschließlich für die Brüder und Schwestern bestimmt waren. Als Inbegriff der Shaker-Möbel gilt wohl der Sprossen-Stuhl. Seine Konstruktion orientierte sich am traditionellen Möbeldesign, und er

OBEN *Eine Shaker-Schaufel. Sie ist aus einem einzigen Stück Walnußholz geschnitzt und gehört trotz Anlehnung an amerikanische Vorbilder zu den typischen Shaker-Gegenständen, was den Standard der Bearbeitung und die Ausgewogenheit der Proportionen betrifft.*

RECHTS *Eine Ruhebank im Versammlungsraum in Hancock, Massachusetts. An der praktischen Hakenleiste hängen Schreibtafel und Besen.*

bildete die Basis für die spätere Shaker-Stuhlfabrikation. Mit dem Entwurf dieses Stuhls bekundeten die Shaker ihr Vertrauen auf Holz als Rohstoffmaterial. Da die Shaker durchaus nichts gegen ein wenig Bequemlichkeit einzuwenden hatten, ist er etwas nach hinten geneigt. Der Stuhl ist leicht, aber stabil gebaut. Er vereint in sich Handwerkskunst und Zweckmäßigkeit. Das benötigte Material stammt aus den Wäldern der Sekte und wurde sorgfältig auf Stabilität und geringes Eigengewicht hin ausgewählt. So wurden die Stuhlpfosten aus abgelagertem Ahornholz gedrechselt, einem guten harten Holz mit im allgemeinen klarer Maserung, aber man verarbeitete bisweilen auch Vogelaugenahorn. Andere Holzarten wie Kirsche, Birke und Walnuß (Grauer Walnußbaum) wurden, wenngleich weniger häufig, ebenfalls verwendet. Alle Shaker-Stühle besaßen drei Sprossen in der Rückenlehne, aus Gründen der Elastizität wurden sie gewöhnlich aus Ahornholz angefertigt. Auch die Querstreben bestanden aus Ahornholz, manchmal auch aus Esche oder Hickory (nordamerikanischer Walnußbaum). Für die Sitzfläche der ersten Stühle verarbeitete man biegsame Spanhölzer jeglicher Art, später verwendete man auch Leder, Peddigrohr, gewebte Bänder und geflochtenes Stroh.

Bei den Shakern in New Lebanon lag die Herstellung der Stühle

OBEN *Ein Shaker-Stuhl. Er zeigt beispielhaft alle Merkmale des Shaker-Stuhls – drei Sprossen in der Rückenlehne, Kippfüße unter den hinteren Beinen und eine Sitzfläche aus Binsengeflecht. Die gedrechselten Knäufe sind noch Relikte traditioneller Stilelemente, die Shaker-Handwerksleute aus der Außenwelt mitbrachten.*

für die ganze Region fast ausschließlich in den Händen der *Canaan Family* und der *Second Family.* James Farnum, Gilbert Avery und John Lockwood waren die führenden Köpfe dieser zeitweise blühenden Fabrikation. Verschiedenen Quellen zufolge bewirkte der amerikanische Bürgerkrieg den Niedergang der Shaker-Handwerkskunst. Um 1863 hatte sich ein Zweig der *Second Family* in New Lebanon selbst in den geistlichen Stand erhoben und sich zur eigenständigen Familie erklärt. Die Ältesten verschwendeten keine Zeit und errichteten eine Stuhlfabrik mit Holz- und Eisendrehbänken, jeweils einer Bohrmaschine, Hobelmaschine und Zurichtmaschine. Mit der Einführung eines arbeitserleichternden Maschinenparks entwickelten sich die Stuhlwerkstätten in New Lebanon konsequent zu einem fabrikmäßigen Produktionssystem. Die Herausgabe eines Kataloges für den Großhandel wurde als Zugeständnis an den Zeitgeist kritisiert; zumindest bedeutete es eine Verwässerung des ursprünglichen Shaker-Ethos, das die Abgeschlossenheit von der Außenwelt beinhaltete.

Die *South House Family* in New Lebanon belieferte um 1868 Großhandlungen in den Bezirken um Boston, Philadelphia und New York. Sie produzierte an die 600 Stühle pro Jahr. Um den anhaltenden Bedarf zu decken, entstand im Jahr 1872 ein weiterer Betrieb, und man investierte 1.000 Dollar in einen maschinellen Antrieb der Fabrikwerkzeuge. Dies alles ereignete sich unter der

RECHTS *Eine Schubladenkommode. Die Kommode besitzt eine ungewöhnliche klappbare Platte. Die Shaker legten größten Wert darauf, daß man Möbel nach Gebrauch wegstellen konnte.*

OBEN *Ein Drehstuhl. Diese Stühle bestanden gänzlich aus Hartholz wie Ahorn und Hickory, sie lehnten sich zwar an die Konstruktion des traditionellen Windsor-Stuhles an, repräsentierten jedoch die hohe Kunstfertigkeit eines geschickten Drechslers. Man benutzte sie in den Büros einiger Shaker-Gemeinden.*

GEGENÜBER *Shaker-Stuhl und Kinderstuhl. Da jeder Gegenstand seinen ganz bestimmten Zweck erfüllen mußte, konnten die Shaker den von ihnen aufgenommenen Kindern nicht erlauben, auf Erwachsenen-Stühlen zu sitzen. Deshalb war es üblich, besondere Stühlchen für sie anzufertigen. Aufgrund der strengen Zölibatregel hatten die Shaker keine leiblichen Kinder.*

Leitung des *Elders* Robert Wagan. Im Jahr 1874 brachte diese Familie einen neuen Katalog für Stühle heraus, als logische Konsequenz einer seit 1865 laufenden Anzeigenkampagne in den Zeitungen der Ostküste. Die Unterhaltung von Stuhlfabriken dieser Größenordnung schien gegen viele Shaker-Maximen zu verstoßen, aber der Bürgerkrieg hatte nicht nur die technologischen Voraussetzungen zur Produktionssteigerung mit sich gebracht, sondern auch den bis dahin sehr lukrativen Samenhandel mit dem Süden unterbunden. Deshalb mußten die Shaker eine Möglichkeit finden, das finanzielle Loch zu stopfen, das durch den Verlust der Hälfte ihrer ländlichen Kundschaft entstanden war. Für einige Shaker-Gemeinden entwickelte sich die Stuhlproduktion zum neuen ökonomischen Standbein, dabei war der klassische Sprossen-Stuhl keineswegs das einzige Erfolgsmodell.

Eine der simpelsten und doch effektivsten Erfindungen der Shaker war der Kippfuß. Dieser saß in einem Kugelgelenk am unteren Ende der Hinterbeine des Standard-Stuhls. Wer auf solch einem Stuhl saß, konnte auf den hinteren Stuhlbeinen wippen, wobei die Stuhlbeine sicher auf dem Boden ruhten. Der Kippfuß bewahrte manchen Shaker-Fußboden, der meist aus weichen Kieferndielen bestand, vor nachhaltigen Beschädigungen, die durch das Schaukeln mit konventionellen Stühlen leicht entstanden. Die Vorrichtung des Kippfußes erlangte so große Beliebtheit, daß ein Hersteller, der mit den Shakern sympathisierte, aber nicht bei ihnen lebte, seine eigene Version aus Metall in den 50er Jahren des 19. Jahrhunderts patentieren ließ. Den Shakern wäre es niemals in den Sinn gekommen, das Patent für eine Erfindung zu beantragen. Ihrer Meinung nach führten Patente zu wirtschaftlichen Monopolen, und damit wollten sie nichts zu tun haben. Die Stühle, so beliebt sie auch bei den Shakern waren, warfen innerhalb der Bewegung immerhin die Frage auf, ob es erlaubt sei, auf Stühlen zu schaukeln, oder schlimmer noch, sich derart lässig und bequem gegen die Wand zu lehnen. Auch wenn die Shaker viele Dinge des täglichen Lebens durchaus streng reglementierten, ließen sich liebgewordene Gewohnheiten nicht so leicht abstellen. Die Stühle wurden weiter produziert, und die Shaker schaukelten weiter. (Auch das Kauen von Tabak wurde von vielen Shakern zwar mißbilligt, aber nicht ausdrücklich verboten. Überall auf den Fußböden der Wohnräume standen mit Sägemehl und Holzspänen gefüllte ovale Spucknäpfe.)

Der klassische Stuhl, mit oder ohne Kippfuß, kam immer dann bei den abendlichen Zusammenkünften der Brüder und Schwestern zum Einsatz, wenn kein offizieller Tanz-Gottesdienst abgehalten wurde. Brüder und Schwestern gleicher Anzahl trafen sich dann in einem Raum, wo die Stühle in »sicherer« Distanz zueinander aufgestellt standen. Bei diesen Treffen plauderten *Believer* zwanglos über Glaubensangelegenheiten und Alltagsereignisse.

LINKS *Typisches Beispiel für einen Shaker-Schaukelstuhl. Vier Sprossen in der Rückenlehne und hübsch geformte Pilz-Knäufe an den Armlehnen charakterisieren viele Schaukelstühle der Shaker aus dem 19. Jahrhundert.*

Die Vorliebe der Shaker, auf ihren Stühlen zu schaukeln, führte konsequenterweise zum Entwurf und zur Herstellung eines richtigen Schaukelstuhls. Ursprünglich hatte man ihn für ältere und kranke *Believer* vorgesehen, auf die die Schaukelbewegung eine beruhigende und wohltuende Wirkung haben sollte. Aber schon bald fand sich der Schaukelstuhl in jedem Shaker-Heim. Der am meisten verehrte Schaukelstuhl der gesamten Shaker-Bewegung steht in Harvard, Massachusetts. Da es nur noch wenige Gegenstände gibt, die mit Mutter Ann in Verbindung gebracht werden können, besitzt ihr Stuhl für die Shaker eine ganz besondere Bedeutung. Das Möbelstück selbst ist recht unspektakulär und dennoch ungewöhnlich. Es ist kein echter Shaker-Stuhl, denn er wurde nicht komplett von Shakern hergestellt. Wahrscheinlich ist es ein handelsüblicher Windsor-Stuhl aus Neu-England, der durch Anbringen von Schlittenkufen zum Schaukelstuhl umfunktioniert wurde. Die Kufen bestehen aus Hartholz, vermutlich Ahorn, und sind von außen mit Dübeln an den ziemlich plump gedrechselten, ausgestellten Beinen befestigt. Das Ergebnis ist in ästhetischer Hinsicht nicht besonders gelungen. Bedenkt man jedoch, daß Mutter Ann eine besondere Beziehung mit der Harvard-Gemeinde verband und daß sie ihre letzten beiden Jahre dort verbrachte, ist nachvollziehbar, daß diesen Stuhl eine Aura historischer und religiöser Bedeutsamkeit umgibt.

OBEN *Der Schaukelstuhl von Mutter Ann, für jeden Shaker Objekt besonderer Verehrung.*

Die anderen von den Shakern angefertigten Schaukelstühle haben keine so große Vergangenheit, für das Verständnis der Shaker-Möbel insgesamt sind sie dennoch wichtig. Es gibt ihrer viele Variationen. Einige Stühle erhielten pilzförmige Knäufe am Ende der Armlehnen, andere wiesen verschnörkelte oder kunstvoll geschwungene, später sogar gepolsterte Armlehnen auf. Man verarbeitete dieselben Materialien wie beim Standard-Stuhl, und eine Gemeinsamkeit (fast) aller Shaker-Schaukelstühle scheinen die eingesetzten vier Sprossen in der Rückenlehne zu sein.

Zweifellos gehörten die Shaker zu den ersten, die in Amerika Schaukelstühle im größeren Umfang produzierten. Alle Erfahrungen, die man bei der Produktion einer höheren Stückzahl von Stühlen für neue Gemeinden und die »Welt« gesammelt hatte, wendete man nun bei der Herstellung des Schaukelstuhls an, der sich sowohl bei den *Believern* als auch den Leuten außerhalb der Sekte zunehmender Beliebtheit erfreute. Der Erfolg und die Allgegenwärtigkeit des Schaukelstuhls lassen darauf schließen, daß die Shaker, wenn es um Bequemlichkeit ging, nicht prinzipientreu waren. Vielleicht trug zum häufigen entspannenden Gebrauch des Schaukelstuhls auch die Überzeugung bei, daß es eine heilige Pflicht sei, Krankheiten abzuwehren und sich bei guter Konstitution zu halten. Aus dieser Konsequenz heraus entwickelten die Shaker mit dem für sie typischen Pragmatismus auch Schaukelstühle für spezielle Arbeiten, wie z. B. den Näh-Schaukelstuhl. Dieser war niedriger

OBEN *Ein Nähpult. Es wurde in Alfred, Maine, angefertigt und steht jetzt in einer privaten Sammlung.*

und besaß keine Armlehnen, damit die fleißigen Schwestern ungehindert den Nähkorb an ihrer Seite erreichen konnten.

Zur Blütezeit der Bewegung florierte jedoch nicht nur die Stuhlproduktion, auch wenn sie die einzige Shaker-Industriebranche war, die überwiegend auf Verkauf und Gewinn orientiert und durchorganisiert war. Die von Shaker-Brüdern angefertigten »Kastenmöbel«, Schränke, Truhen und Schubladenkommoden, dienten jedoch hauptsächlich dem Eigenbedarf und gelangten nicht in gleicher Weise auf den freien Markt wie die Stühle. Zu diesem Typ Möbel, die von Shaker-Handwerkern hergestellt und nicht für den Gebrauch außerhalb der Gemeinden bestimmt waren, gehören auch die gewaltigen Einbauschränke, die noch immer die Räume der Shaker-Wohnhäuser zieren. Diese Schränke, die sowohl Bestandteil der Architektur als auch Mobiliar darstellen, wurden als Stauraum für verschiedenste Dinge genutzt – vom Besteck und Geschirr bis hin zu Kerzen und Kleidung. Ein besonders schönes Exemplar steht in einer Werkstatt der Hancock-Gemeinde in Massachusetts. Dieser Schrank besitzt 48 Schubladen, die in eine einzige Wand eingelassen sind. Die Schubladen werden nach oben hin kleiner und geben dem gesamten Einbauschrank ein so gut proportioniertes Aussehen, wie es bei Einhaltung einer symmetrischen Aufteilung niemals möglich gewesen wäre. Die Abstufung der Schubladengröße hatte auch zur Folge, daß schwere Gegenstände unten im Schrank Platz fanden – ein weiterer Beleg für das praktische Denken der Shaker. Jede Schubladenfront ist schlicht gerundet und besitzt in der Mitte einen Holzknopf. Dieser ist in einem dunkleren Ton lasiert als die Schubladen, das bewirkt eine optische Hervorhebung und unterstreicht das klar und schön ausgeführte Design. In den Schubfächern wurden wahrscheinlich Kräuter und Heilpflanzen für die Apotheke aufbewahrt.

Auch im Wohnhaus der *Church Family* in Hancock finden sich schöne Beispiele für Einbaumöbel mit Fronten aus Walnußholz und abgestuften Schubladengrößen. Diese Schränke wirken harmonisch und praktisch. Der Architekt des Gebäudes, William Deming, schrieb: »In der gesamten Arbeit findet sich kaum ein Astloch, außer in den Fußböden, und diese sind aus gelbem Kiefernholz und sehr gut verarbeitet. Es gibt an die hundert große Türen, einschließlich der Haustüren und Schranktüren; 245 Schranktüren, 369 Schubladen, die wir in den Zimmerecken und an den Seiten der Kamine einbauten ... und ich denke, sagen zu können, daß alles von oben bis unten aufs allerfeinste gearbeitet ist und die Innenseiten in einem hellen Orangeton hübsch gebeizt sind.« Einbauelemente kannte man schon vor den Shakern, sie kamen jedoch der Lebensart der Shaker sehr entgegen, da sie das leidige Problem der Staubansammlung um und auf einzelnen Möbelstücken lösten. Schließlich hatte Mutter Ann oft wiederholt: »Haltet eure Räume sauber, denn wo Schmutz ist, leben keine guten Geister. Im Himmel gibt es keinen Schmutz.«

Der Dachboden des Wohnhauses der *Church Family* in Canterbury, New Hampshire, wurde im Jahr 1837 erbaut. Er besitzt 6 Wandschränke, 14 Schränke und 101 numerierte Schubladen – alle aus Kiefernholz. Die Lagerräume des *Church-Family*-Hauses in Enfield, New Hampshire, beherbergen eine noch beeindruckendere Anzahl von Einbauschubladen, insgesamt sind es 860. Im Jahr 1875 erneuerte die Shaker-Gemeinde von Sabbathday Lake in Maine das Dach des *Ministry Shop*; dieses bot zusätzlichen Raum für Einbauschränke, in denen die Schwestern ihre Sachen unterbringen konnten. Die hier eingebauten Schubladen sind mit ihrem hellgrauen Anstrich recht ungewöhnlich, nur die Knäufe sind in natürlichem Holzton belassen.

Alle von Shaker-Tischlern gefertigten Schränke zeichnet Leichtigkeit und Kunstfertigkeit aus, verbunden mit Liebe zum Detail und sauberer Verarbeitung. Anders als bei der Stuhlherstellung brauchten sich die Shaker bei den Schränken und Kommoden nie nach dem Markt zu richten; aus diesem Grund liegt in ihren Produkten eine Harmonie, die auf hervorragendem, im Sinn des Sha-

OBEN *Ein Schrank mit eingesetzten Schubladen aus New Lebanon, New York, um 1825–1850.*

ker-Glaubens ausgeübtem Handwerk beruht. Kommoden, Wäschetruhen und Vorratskisten sind typische Beispiele für Tischlerarbeiten, deren Design sich ausschließlich am häuslichen Nutzen orientierte und die charakteristische Shaker-Züge trugen. Vereinzelt finden sich aber auch einige bemerkenswerte Abweichungen. Bei einer Wäschekommode in Canaan, New York, aus dem Jahr 1837 zum Beispiel sind die Schlösser jeder Schublade mit elfenbeinernen Wappenschilden verziert. Shaker-Möbel besaßen gewöhnlich keine Schlösser, da der Verzicht auf persönlichen Besitz jede Sicherheitsmaßnahme innerhalb der Gemeinschaft überflüssig machte.

Oft fertigten die Shaker-Handwerker spezielle Möbelstücke nur für den Gebrauch bestimmter Sektenmitglieder an – zum Beispiel Schränkchen für Werkzeug, Saatgut oder Kräuter. Jedes Stück wurde mit derselben Sorgfalt, Liebe zum Detail und Sinn für Zweckmäßigkeit hergestellt.

Die hölzerne Kiste war ein Alltagsbehältnis zum Lagern von Brennholz für die berühmten geschlossenen Öfen der Shaker. Die Idee, am Boden einer jeden Kiste eine Schublade für Holzstücke und Späne zum Anzünden einzubauen, kann nur einem Anflug von Genialität entsprungen sein. In jedem Raum, in dem ein Ofen stand, befand sich eine weitere Holzkiste mit Deckel und seitlichen Haken, an denen Schürhaken und Schaufeln aufgehängt werden konnten. Und jedes einzelne dieser überall gegenwärtigen und nützlichen Möbelstücke trug den unverkennbaren Stempel von Handwerkskunst und Erfindungsreichtum der Shaker.

Die Öfen gehörten zu den Haupterzeugnissen der Shaker-Manufaktur. Obwohl es angeblich mehr als 200 Modelle gab, lassen sich zwei Grundtypen unterscheiden – der kastenförmige Ofen aus einem Stück und der aus Platten zusammengesetzte Ofen. Beide Modelle wurden in Mengen hergestellt und von den Siedlungen in Hancock und Mount Lebanon an die »Welt« verkauft – noch öfter aber wärmten sie ein Shaker-Haus. Zu einigen Öfen gehörte eine Mulde auf der Oberseite, in die man zur Luftbefeuchtung Wasser einfüllen konnte. Andere besaßen zur Erzeugung von noch größerer Wärme einen zweiten Brennraum (oder Heizkörper) über dem normalen Feuerraum; sie waren unter dem Namen Doppeldecker bekannt. Der aus Platten bestehende Ofen bestand aus fünf mit Bolzen verbundenen Eisenplatten, die den Korpus bildeten. Er unterschied sich vom Kastenofen auch dadurch, daß er geschwungene Beine mit runden Füßen oder Klauenfüßen aufwies. In späteren Jahren wurden Plattenöfen vielfach außerhalb der Shaker-Gemeinden hergestellt. Man hielt sie für praktikabler als den ursprünglichen und weitaus schlichteren Kastenofen.

Zu den bis zu zwei Meter hohen Schrankwänden, die sich meistens in den Küchen der Wohnhäuser befanden, gehörten kleine Trittleitern mit zwei, drei und vier Stufen – je nach Höhe des

OBEN *Die Apotheke in Hancock, Massachusetts. Einbauschränke gehörten oft zum Inventar der Shaker-Läden oder Manufakturen. Auf der Fensterbank eine Schablone für den Schriftzug des patentierten Haarwuchsmittels. Der Handel mit der »Welt« (Shaker-Terminologie für alle Nicht-Shaker) wurde stets gepflegt.*

RECHTS *Eine Shaker-Kommode für Decken oder kleine Teppiche. Der grüne Anstrich war durchaus nichts Ungewöhnliches, da man bei den Möbeln unterschiedliche Farben verwendete. Allerdings dienten sie nicht einfach nur der Dekoration, sondern repräsentierten die Vorstellungen der Shaker von den Farben der Dinge im Himmel.*

LINKS *Ein Shaker-Arbeitspult. Die Arbeitsfläche kann optimal genutzt werden, da die Schubladen für Kleinkram in einer Art Brücke über der Fläche integriert wurden. Längere Materialien konnten bequem ausgebreitet werden. Den blauen Anstrich findet man bei sehr vielen Shaker-Möbeln.*

Schrankes. Ein Schreibpult war nur bestimmten *Elders* oder *Eldresses* sowie Mitgliedern der *Ministry* vorbehalten, um Status, Distanz und vor allem Autorität auszudrücken. Es gab eine hierarchische Struktur, die in deutlichem Widerspruch zu dem erklärten Bekenntnis von Gleichheit und Einheit stand. Offenbar war es kaum möglich, ohne Autorität und Hierarchie eine Gemeinschaft mit derart strengem Reglement zu organisieren, wie es die *Believer* viele Jahre lang taten.

Die Grundidee, bei der Herstellung von Möbeln immer vorrangig deren Verwendungszweck im Auge zu behalten, bestimmte die Arbeit der Shaker-Handwerker. So baute man zum Beispiel robuste Bügeltische, denn das Bügeln gehörte zu den anstrengenden, harten Arbeiten der Schwestern und erforderte seine eigenen Regeln. Jede Verbindung des Tisches wurde solide gedübelt, und die Platte ruhte auf zwei mächtigen, durch Streben verbundenen und verstärkten Kreuzböcken. Unter der Tischplatte verliefen Kreuzstreben, die direkt mit den Tischbeinen verzapft waren. Ein anderes Leitmotiv beim Möbelbau war der Wunsch nach Ordnung. Zum Entwurf eines Klapptischmodelles, das dann in großer Stückzahl hergestellt wurde, führte die Angewohnheit, alle Dinge sofort nach

RECHTS Ministry Shop, *Sabbathday Lake, Maine. Der Hauptsitz des leitenden Gremiums der Shaker-Brüder und -Schwestern dieser Gemeinde war in reinem Weiß gestrichen. Beachtenswert sind die Einbauschränke, das lange Ofenrohr und die Tuchleiste oben auf der Rückenlehne des Schaukelstuhls.*

Gebrauch wieder wegzuräumen. Dieser Tisch entsprach den Shaker-Idealen von Ökonomie und Ordnung, »Platz für alles« und allgemeiner Reinlichkeit. Die Tische gab es in verschiedenen Größen, von einem bis drei Metern Länge, und sie wurden in jedem Raum des Wohnhauses benutzt. Saatgutläden und Krankenhäuser profitierten auch von diesem Möbelstück, das für die Shaker ein raumsparendes Element in Ergänzung zum sonstigen Mobiliar darstellte.

Als weiteres Ergebnis des Erfindungsreichtums der Shaker entstand der Brotschneidetisch. Es war ein solides, aus Hartholz gearbeitetes Möbelstück mit einer Art Guillotine, die auf einer Schiene seitlich verschiebbar am hinteren Rand der Tischplatte befestigt war. So konnte das ungesäuerte Brot, das die Shaker zu den Mahlzeiten aßen, rasch, sauber und effizient geschnitten werden. Da sich in einigen Gemeinden bis zu 200 *Believer* zu einer Mahlzeit versammelten, war Geschwindigkeit vonnöten.

Brüder und Schwestern aßen im selben Raum, wahrten jedoch klösterliches Schweigen. Sie saßen an Eßtischen aus langen Kiefernbrettern, die nur locker miteinander verbunden waren, um das Reinigen zu erleichtern. Tischwäsche gab es nicht, also mußte die Tischfläche die Reinlichkeit widerspiegeln. Die Eßtische waren so konstruiert, daß jeweils Vierergruppen von *Believern* daran Platz fanden. An einem 3,6 Meter langen Tisch konnten 12 Shaker in drei Gruppen sitzen. Die Unterteilung in Gruppen ermöglichte das Herumreichen der Speisen, ohne daß dabei gesprochen werden mußte – wieder einmal zeigt sich das Shaker-Mobiliar als integraler Bestandteil des reibungslosen Alltags.

Ein kleineres Produkt der Shaker-Möbeltischlerei war das Beistelltischchen. Seit den ersten Tagen der *Believer*-Gemeinden am Ende des 18. Jahrhunderts wurden die unterschiedlichsten Modelle hergestellt. Das Tischchen sollte neben dem Schaukelstuhl oder dem Standard-Stuhl stehen, es besaß eine runde oder viereckige Platte mit Schublade und stand auf drei gespreizten Beinen. Stuhl und Tischchen zählen zu den frühesten Objekten der Shaker. Zusammen mit Stühlen, Tischen und Truhen gehörte es zum gemeinsamen beweglichen Grundmobiliar einer Familie und fand vielfältige Verwendung.

Wie bereits erwähnt, stammte das Material aus dem eigenen Wald; nur wenn das benötigte Holz einmal knapp wurde, kauften

RECHTS *Im Innern des* Ministry Shop *in Canterbury, New Hampshire. In diesem ansonsten typischen Shaker-Raum verdient der kleine Arbeitstisch auf der linken Seite besonderes Interesse, er besitzt eine verschließbare Dokumentenschublade und Rollen unter den Beinen. Ungewöhnlich sind auch die elfenbeinernen Knöpfe an den Schranktüren.*

Die Architektur der Shaker trägt viele Charakterzüge des Shaker-Mobiliars: sie ist das Ergebnis einer Anpassung an die eigenen Bedürfnisse, von traditioneller Handwerkskunst und praktischem Denken.

Ende des 18. Jahrhunderts war die Architektur in der Neuen Welt lediglich eine koloniale Version zeitgenössischer europäischer Architektur. Obwohl die Shaker jegliche Verzierung um ihrer selbst willen vermieden, läßt sich bei den Shaker-Gebäuden eine Entwicklung beobachten von vollkommener Schlichtheit bis hin zu einer Art vereinfachtem Klassizismus. Die Proportionen und das Gespür für Größenverhältnisse wie bei dem 56-Zimmer-Wohnhaus in Canterbury, das im Jahr 1793 erbaut wurde, zeigen, daß schon die früheste Shaker-Architektur auf klassischen Prinzipien beruhte. Rechteckige, mit säulengestützten Giebeln überdachte Veranden im Zentrum einer symmetrischen Fassade erinnern an englische Landhäuser.

Die allerersten Gemeindehäuser der Shaker bestanden aus einer Rahmenkonstruktion, die mit Holzschindeln verschalt war; sie trugen die Handschrift einer eher bescheidenen traditionellen Bauweise. Die Architektur späterer Wohnhäuser spiegelte den Mittelklassegeschmack des jeweiligen Bauherrn wider. Die Shaker-Architekten gingen keinerlei Kompromisse ein, was Glauben oder Hingabe an ihre Bewegung betraf. Als die Sekte jedoch wuchs und zunehmend Kontakte zur Außenwelt pflegte, ließ es sich kaum vermeiden, daß die »Welt« auch einigen Einfluß nahm. Im Grunde ihres Wesens ist die Architektur der Shaker mit all ihren faszinierenden Widersprüchen doch typisch amerikanisch.

Es entstanden Gebäude, die einerseits an traditionelle skandinavische Häuser erinnern, andererseits aber von georgianischer Gediegenheit und Symmetrie charakterisiert werden sowie einer neuen Tradition von Architektur, die durch die regionalen Materialien und die klimatischen Bedingungen der Nordostküste Amerikas beeinflußt wurde.

Das große Wohngebäude aus Stein in Enfield, New Hampshire, wurde im Jahr 1837 aus Granitblöcken erbaut, die vom eigenen Grund und Boden der Shaker stammten. Es ragt sechs Stockwerke in die Höhe, wobei die oberen zwei Geschosse den Dachboden bilden. Das Satteldach trägt eine dekorative Kuppel, in der die Glocke hing, die die Brüder und Schwestern zu Gebet und Mahlzeiten rief.

RECHTS *Gemeindehaus und Wohnhaus in Canterbury, New Hampshire, 1792 bis 1793. Wie alle frühen Gemeindehäuser ist auch dieses dem Ursprungshaus in New Lebanon nachempfunden.*

RECHTS *Gemeindehaus in Canterbury, New Hampshire. Bemerkenswert sind die für die Shaker-Architektur typische Holzverkleidung und Schiebefenster sowie der Sinn für ausgewogene Proportionen. In vielen Shaker-Gemeinden wurden bei den später gebauten Wohnhäusern auch Glockenturm oder Kuppel zum vertrauten Anblick.*

Es ist ein beeindruckendes Bauwerk von schlichter Schönheit – ganz im Geiste des Klassizismus. Die Baupläne wurden vorrangig von den ritualisierten und perfekt organisierten Prinzipien der Sekte bestimmt: Ordnung, Sauberkeit, Schlichtheit, Zölibat, Geschlechtertrennung und Gemeinschaftlichkeit. So besitzen die meisten frühen Gemeinde- und Wohnhäuser zwei separate Eingangstüren, eine für die Schwestern und eine für die Brüder. Auf diese Weise reduzierte man die Kontakt- und Beziehungsmöglichkeiten zwischen den Geschlechtern auf ein Minimum und beschränkte sie auf die Zeiten der Hausversammlungen. Die Trennung der Hauseingänge setzte sich oft auch im Treppenhaus fort. Die Gemeinschaftlichkeit wurde durch die Belegung der Schlafräume mit vier oder fünf Brüdern oder Schwestern gefördert, die auch gemeinsam die Verantwortung für häusliche Pflichten trugen.

Das stärkste Band der Zusammengehörigkeit ließ sich bei den ungewöhnlichen Gottesdiensten knüpfen, bei denen die Teilnehmer disziplinierte, schlurfende Tanzschritte ausführten. Sowohl die Gemeinde- wie auch die Wohnhäuser mußten groß genug sein, damit z. B. der *square order shuffle* mit oft an die hundert *Believern* getanzt werden konnte. Die Notwendigkeit, weiträumige Säle ohne irgendwelche Stützpfeiler zu bauen, führte zu unterschiedlichen architektonischen Lösungen – von der Scheunenbauweise bis hin zu mittelalterlichen Stichbalken-Decken. Bemerkenswert sind ihr hoher handwerklicher Standard, ihr neuartiger Entwurf und ihre außergewöhnliche Holzkonstruktion.

Das vielleicht schönste Beispiel für die geniale Architektur der Shaker ist das Gemeindehaus in New Lebanon, New York, aus dem Jahr 1824. Es ist das größte Gemeindehaus, das jemals erbaut wurde. Im Jahr 1824 näherte sich die Shaker-Bewegung ihrem Höhepunkt, und an Stelle des alten Gebäudes, das Prototyp aller Shaker-Gemeindehäuser gewesen war, sollte ein neues errichtet werden. Der riesige Saal (19,5 x 24 Meter) auf der ersten Etage wird von keiner tragenden Säule unterbrochen und faßte 500 andächtige *Believer* und an die 1.000 Zuschauer. Die Konstruktion

UNTEN *Wohnhaus der Centre Family in South Union, Kentucky, 1824. Die doppelte Treppe erzwang den getrennten Weg der Brüder und Schwestern vom Speisesaal hinauf zu den in separaten Teilen des Hauses gelegenen Schlafräumen, so daß es nicht zu Gesprächen kommen konnte. Das Gebot der Geschlechtertrennung bestimmte die Architektur vieler Shaker-Gebäude.*

eines so großen, leichten und hellen Saales war nur durch ein Tonnendach möglich, das von einem inneren Labyrinth von Balken gestützt wurde, an denen wiederum die Decke des Versammlungsraumes befestigt war.

Das Gemeindehaus in Canterbury, New Hampshire, aus dem Jahr 1792 entspricht dem Vorbild des früheren Gemeindehauses von New Lebanon. Nach Shaker-Glauben war die *Ministry* in New Lebanon von Gott inspiriert, und nur die *Church Family* als Oberhaupt der gesamten Shaker-Bewegung empfing die einzig wahren göttlichen Offenbarungen über die Art und Weise, wie die Welt der Shaker gestaltet werden sollte. Viele Gebäude aus der erfolgreichsten Phase der Ausweitung und Konsolidierung der Shaker-Bewegung zwischen 1792 und der Mitte des 19. Jahrhunderts waren das Werk einer Gruppe von New-Lebanon-Ingenieuren oder -Konstrukteuren, die reihum jede Gemeinde besuchten und den Mitgliedern mit Rat und Tat zur Seite standen. Immer wieder tauchen in den Aufzeichnungen über die Shaker-Architektur die Namen Moses Johnson (1752–1842) und *Elder* William Deming (1779–1849) auf.

Viele Jahre bekleidete Moses Johnson das Amt des obersten Baumeisters der Gemeinde in New Lebanon, und ihm ist auch das Gemeindehaus in Canterbury zu verdanken. Die Holzkonstruktion besitzt ein Mansardendach mit Fenstern – eine Dachform, die sich in dem regen- und schneereichen Klima Neu-Englands als sehr geeignet erwies. Das Gemeindehaus steht am Rand des Waldes, der das Material für den Bau lieferte. Die Außenwände waren mit weiß-

LINKS *Das Gemeindehaus in New Lebanon, New York, 1824. Dieses außergewöhnliche Bauwerk repräsentiert den Beginn einer ganz neuen Architektur. Die Shaker errichteten es an Stelle des alten Gemeindehauses, das als perfekter Prototyp galt. Der größere Raumbedarf erforderte einen radikal neuen Baustil.*

OBEN *Im Innern des Runden Stalles in Hancock, Massachusetts, 1826. Ein komplexes Netzwerk von Holzverstrebungen zeigt die hohe Kunst der Shaker-Baumeister im Umgang mit dem hauptsächlich zur Verfügung stehenden Baumaterial.*

gestrichenen Deckleisten verschalt. Lange Zeit galt bei den Shakern die Bestimmung, daß als einziges Haus der Gemeinschaft nur das Gemeindehaus weiß gestrichen werden durfte – schließlich kostete weiße Farbe damals mehr als andere. Da die Fortschritte der chemischen Industrie den Preisunterschied verringerten, verschwand die Shaker-Tradition, Gebäude in bestimmten Farben zu streichen. Werkstätten bekamen allerdings nach wie vor entweder einen roten, ockerfarbenen oder gelben Anstrich. Als die Shaker sich in Amerika ausbreiteten, entdeckten sie andere regionale Baumaterialien und gingen zu massiveren Konstruktionsformen über. Durch ihr ständiges Bestreben, in Harmonie mit ihrer Umgebung zu leben und jede göttliche Gabe zu nutzen, verfeinerten die Shaker mit der Erweiterung ihrer baulichen Möglichkeiten konsequent auch ihre Arbeitstechniken.

Die Häuser der *Church Family* in Hancock, Massachusetts, geben ein gutes Beispiel für die kulturelle und technische Entwicklung einer Gemeinde. Das erste Gebäude aus dem Jahr 1790 ist dem Original in New Lebanon nachempfunden – ein kleines Gemeindehaus mit weißem Anstrich, einem Satteldach und Räumlichkeiten für die *Elders* und *Eldresses*. Um 1800 legte man Wäscherei und Werkstatt zusammen in ein großes, dreigeschossiges Holzgebäude mit Satteldach. In diesem Haus wurden Stühle und Uhren hergestellt, Saatgut verpackt und vieles mehr getan, was die finanzielle Grundlage erwirtschaftete, um den berühmten, aus Stein erbauten Runden Stall im Jahr 1826 nach dem Entwurf des Shaker-Baumeisters Daniel Goodrich (1765–1835) zu errichten. Es ist durchaus nicht der einzige runde Stall in den nordöstlichen Staaten, aber in seiner Art ist er einzigartig. Die Grundkonstruktion lehnt sich an skandinavische Traditionen an, die von den Shakern übernommen und für ihre eigenen Bedürfnisse verändert wurden. Als der Stall geplant wurde, dachte jene Gemeinde offenbar an ein solides Bauwerk für zukünftige Generationen. Bis zu 50 Tiere können im Stall Platz finden, und das Gebäude wurde wie eine riesige Unterbringungsmöglichkeit von Vieh und Futter während der Wintermonate entworfen. Mit einem Umfang von 81 Metern besitzt das Bauwerk drei Etagen, die alle mittels Rampen vom Erdgeschoß aus erreichbar sind. Die oberste ist für Heuwagen vorgesehen, die rund um die hölzerne Galerie fuhren und das Heu in einen zentralen Schacht kippten. Bis zu zehn Heuwagen konnten gleichzeitig entladen werden. In dem mittleren Stockwerk lagen an der Außenwand die Stallungen. Im Erdgeschoß wurde der Dung gesammelt und abtransportiert, um im Frühjahr wieder auf den Feldern verteilt zu werden. Obwohl die Shaker einen Luftschacht vorgesehen hatten, der durch Luftzirkulation im Heu das Risiko einer Selbstentzündung verringern sollte, fing der Stall im Jahr 1864 Feuer. Die Steinwände hielten jedoch stand, und die pragmatisch denkenden Shaker nahmen dies zum Anlaß, ein noch großartigeres Bauwerk

RECHTS *Der Runde Stall, Hancock, Massachusetts, 1826. Der Grundriß orientiert sich an einem Stalltyp, den man üblicherweise in Skandinavien findet. Die Shaker waren Meister darin, übernommene Formen und Stile ihren eigenen Zwecken anzupassen.*

zu konstruieren. Auf einen neuen Aufbau des ohnehin schon imposanten Gebäudes wurde ein Lichtgaden gesetzt, so daß in die oberen Etagen mehr Tageslicht fiel. Den krönenden Abschluß bildete ein sechseckiges Türmchen mit Wetterfahne.

Auch das nächste, in Hancock erbaute Haus dokumentierte den inzwischen erreichten Wohlstand und das Selbstbewußtsein der *Church Family*. Das Wohnhaus, erbaut von dem *Elder* William Deming (1779–1849), ist ein beeindruckendes Backsteingebäude mit sechs Geschossen, in dem bis zu 100 Shaker-Brüder und -Schwestern wohnen konnten. Auf der südlichen Spitze des grauen Schieferdaches steht ein Glockentürmchen. Der zweigeschossige Dachspeicher dient als Lagerraum; die vierte und dritte Etage be-

RECHTS *Die Gemeinde von Hancock. Die Entwicklung der Hancock-Gemeinde war für Shaker-Gruppen keineswegs ungewöhnlich. Jedoch wuchs Hancock zu einer der lebendigsten Gemeinden der Sekte heran; selbst im Jahr 1939 wurden hier noch Gebäude errichtet.*

herbergen Schlafräume; im zweiten Stock liegen Gemeinschaftsräume, Speisesaal und Versammlungsraum der Familie, während mehrere Küchen und weitere Lagerräume im Souterrain untergebracht sind. Der Speisesaal besaß Trennwände, die in der Mitte des Raumes mit Hilfe von Flaschenzügen heruntergelassen werden konnten. Auf diese Weise wurden separate, vollkommen abgeschlossene Räume für Brüder und Schwestern geschaffen. Die nüchterne und schmucklose Außenansicht des Wohnhauses aus rotem Backstein überzeugt durch Ausgewogenheit, Symmetrie sowie Solidität und repräsentiert exemplarisch alle Tugenden der Shaker-Architektur. Im Jahr 1832 berichtet William Deming über den Bau des Wohnhauses:

OBEN *Die Wetterfahne auf dem Runden Stall in Hancock, Massachusetts.*

OBEN *Der Pferdestall in Hancock. In frühen Shaker-Gemeinden durfte nur das Gemeindehaus weiß gestrichen werden. Später, als weiße Farbe leichter zu erwerben war, verwendete man sie auch für andere Gebäude. Ursprünglich repräsentierte Weiß das Shaker-Symbol für Reinheit.*

WIR BEGANNEN ALSO MIT DER ARBEIT, UND ZEHN WOCHEN NACH DER GRUNDSTEINLEGUNG IM KELLER WAR DAS HAUS ORDENTLICH HOCHGEZOGEN UND DAS DACH AUFGESETZT. ALLE ARBEIT IST GUT VERRICHTET. IM GANZEN LAND GIBT ES NICHTS VERGLEICHBARES ... JEGLICHES BAUMATERIAL WIE SAND, KALK, STEINE ETC. BESORGTEN WIR SELBST, AUCH DAS HOLZ, AUSGENOMMEN DIE FUSSBÖDEN. JEDES FENSTER, JEDE TÜR, JEDER SCHRANK UND JEDE SCHUBLADE WURDE VON UNS EIGENHÄNDIG GEFERTIGT ... ALLES IN ALLEM, NICHT EINGERECHNET DIE KOSTEN, DIE WIR DURCH EIGENLEISTUNG GESPART HABEN, BELAUFEN SICH DIE AUSGABEN AUF ETWA 6.000 DOLLAR.

Hintergrund für die Konstruktion eines so großen Gebäudes bildete Mutter Anns Maxime »Die Hände bei der Arbeit und die Herzen bei Gott, dann wirst du gesegnet sein«. Das Vertrauen der Shaker auf den letztendlichen Erfolg ihres Experiments war ungebrochen. Die Erwartung höherer Gaben, die ihnen durch Verrichtung von

Gott inspirierter Arbeit bevorstanden, spornte die Shaker zu immer neuen Leistungen an. In der Zeit um 1830 waren 6.000 Dollar nicht gerade wenig Geld: Die Investition einer solch großen Summe spricht eindeutig für den Erfolg und das Selbstvertrauen der Sekte zur damaligen Zeit.

Im Jahr 1840 bauten die Shaker in Hancock eine Gerberei, in der Leder produziert und zu Sätteln, Schuhen, Gürteln und Stiefeln verarbeitet wurde. Und im Jahr 1878 errichteten sie einen Hühnerstall aus Backsteinen – einem für die Shaker ungewöhnlichen Baumaterial. Auf den ersten Blick wirkt die Vorderansicht des Gebäudes mit vier kleinen Fenstern im ersten Stock symmetrisch. Im Erdgeschoß wurden rechts und links vom Eingang größere Fenster eingebaut, allerdings sind es auf einer Seite fünf und auf der anderen sechs, eine Anordnung, die dem ansonsten klar geglieder-

LINKS *Ganz aus Holz konstruierte Nebengebäude in Hancock, Massachusetts.*

LINKS *Die Gerberei in New (Mount) Lebanon aus den ersten Jahren des 19. Jahrhunderts. Die Shaker entwickelten vielfältige Manufakturzweige, und dank des blühenden Handels mit der Außenwelt gediehen die Gemeinden. Obwohl die Gerberei als reines Arbeitsgebäude konzipiert wurde, zeigt sie alle charakteristischen Züge der Shaker-Architektur in bezug auf Verwendung von Baumaterialien, Sinn für Proportionen und Design.*

ten Shaker-Haus eine gewisse Unausgewogenheit verleiht. Als letztes Gebäude wurde erst im Jahr 1939 in unmittelbarer Nähe des Runden Stalles eine Molkerei auf dem Gelände in Hancock errichtet.

Die bauliche Entwicklung in Hancock stellte keineswegs die Ausnahme dar. Auch die Gemeinde von New Lebanon besaß einen riesigen Stall (89 x 18 Meter), der jedoch im Jahr 1972 vollständig abbrannte. Dieser Stall hatte fünf Stockwerke und ein Schieferdach und war ursprünglich für das Vieh der *North Family* entworfen worden. Man hatte ihn so in einen Hang hineingebaut, daß die drei untersten Etagen von außen erreichbar waren. Die Gebäudegröße ließ zu, daß bei plötzlichem Gewitter zehn Heuwagen Platz fanden und innerhalb des Stalles gewendet werden konnten.

Weiter südlich in Kentucky dokumentierten zwei florierende Shaker-Gemeinden in South Union und Pleasant Valley ihr neugewonnenes Selbstbewußtsein mit ihren Bauwerken. Am Beispiel des Wohnhauses der *Centre Family* in Pleasant Valley, mit dessen Bau im Jahr 1824 begonnen wurde, erkennt man vielleicht am besten den Einfluß des Kolonialstils auf die ursprünglich schlichte Äs-

UNTEN *Die Shaker-Gemeinde in Pleasant Hill, Kentucky.*

OBEN *Die Eingangshalle zum Versammlungsraum in Pleasant Hill, Kentucky. Die Räume der Gebäude in Pleasant Hill und anderen Gemeinden weisen im allgemeinen höhere Decken auf als ihre nördlichen Gegenstücke – ein Zugeständnis an das wärmere Klima. Darüber hinaus liebten die Baumeister in Kentucky geschwungene Linien, ein weiteres Charakteristikum der Shaker-Architektur in dieser Region.*

thetik der Shaker-Architektur. Das Haus aus Kentucky-Kalkstein besitzt eine schmucklose georgianische Fassade, deren Linearität durch die im europäischen Baustil außen angebrachten Fensterläden verstärkt wird. Die Gebäudefront ist völlig symmetrisch und weist die üblichen doppelten Eingangstüren für Schwestern und Brüder auf. Wie viele andere Shaker-Häuser umgibt auch dieses ein Lattenzaun. Eine Kuriosität ist der Dachaufbau, der Zugang zu einer Aussichtsterrasse bietet. Das Türmchen besitzt ein Spitzbogenfenster, das sich überhaupt nicht in Einklang bringen läßt mit der kategorischen Verweigerung, stilistische Verzierungen anzubringen. Die Dachterrasse ist von einer Balustrade eingefaßt, und das Ganze wirkt wie launisches Beiwerk an einem soliden und trotz seiner 40 Räume gutproportionierten Shaker-Gebäude. Auch hier bot das Haus über 100 *Believern* Unterkunft – in der Region der *Kentucky Revival* waren die Shaker-Gemeinden besonders groß.

Die Pleasant-Valley-Gemeinde beherbergt eine der schönsten innenarchitektonischen Besonderheiten der gesamten Shaker-Bewegung. Im *Trustees' Office* (Verwaltungshaus) aus dem Jahr 1831 findet sich eine beeindruckende Doppel-Wendeltreppe. Zwei genau gleich geschwungene Treppen winden sich in vollendeter Anmut

RECHTS *Das Backstein-Wohnhaus in Hancock, New Hampshire.*

die Stockwerke hinauf. Die Handwerkskunst, die in der Bauweise dieser Treppen liegt, ist einzigartig. Jede Stufe schließt mit einer sanftgeschwungenen Kante ab, während die Zwischenräume schlicht belassen wurden. Das sich bogenförmig schlängelnde Geländer wurde aus Teilstücken von nicht näher bestimmtem gebeizten Hartholz über Dampf geformt, während die quadratischen Stäbe aus einfachem schmucklosem Hickoryholz angefertigt und leicht getönt sind. Entlang der elegant geschwungenen halbrunden Wand verläuft ein entsprechendes gegengleiches Geländer. Das Ganze vermittelt einen Eindruck sowohl von Leichtigkeit und gelungener Ausführung als auch von Stabilität und Stärke.

Im *Trustees' Office* fanden Händler und Geschäftsleute aus der profanen Welt Unterkunft. Freilich beeindruckte dieses grandios entworfene und gebaute Haus die darin wohnenden Fremden und führte zu einem gewissen Respekt gegenüber den Leuten, die so gut bauen konnten. Sogar eine selbstgenügsame Sekte wie die Shaker manifestierte bisweilen den Anspruch auf Ansehen und Ehrenhaftigkeit in der Gestaltung ihrer Bauwerke.

In South Union, Kentucky, steht ein weiteres Beispiel, das den Wohlstand der Shaker demonstriert – das Wohnhaus für die *Centre*

Family aus den Jahren 1822 bis 1833. Die Bauleitung hatte Benjamin Youngs (1774–1855) mit Robert Johns (1795–1863) als erstem Zimmermann. Das Backsteingebäude besitzt anstelle von zwei Eingangstüren eine einzige getäfelte Tür, zu der zwei separate Außentreppen hinaufführen. Da hier Shaker-Brüder und -Schwestern durch dieselbe Tür eintreten mußten, gingen sie höchstwahrscheinlich zu verschiedenen Zeiten ins Haus, damit die Geschlechtertrennung als wichtiger Bestandteil der Shaker-Ordensregel aufrechterhalten blieb. Dieses Wohnhaus ist völlig symmetrisch angelegt und von so schlichter und schmuckloser Architektur, wie es sich ein orthodoxer Shaker nur wünschen konnte. Im Souterrain, das bis zur Höhe des Kalksteinsockels reicht, sind die Backstube, die Küchen, sechs Lagerräume und ein Speisesaal untergebracht. Im Hochparterre liegen der große Versammlungssaal der Familie und zehn Schlafräume. Weitere Schlafräume befinden sich in der ersten Etage und im Dachgeschoß, neben einem geräumigen Dachboden, der durch Mansardenfenster Licht erhält.

Die meisten Häuser in Neu-England entsprachen der traditionellen Bauweise – die Räume gruppierten sich um einen zentralen

UNTEN *Der Innenraum des* Ministry Shop *in Sabbathday Lake, Maine.*

OBEN *Schlaf- und Wohnraum in Sabbathday Lake, Maine. Überall auf dem amerikanischen Kontinent sind sowohl Schlafräume als auch Versammlungsräume der Shaker-Gemeinden in dunkelblauem und dunkelgrünem Holz mit weißen Wänden gestaltet.*

Kern, der von einem offenen Kamin und Schornstein bestimmt wurde. Die Shaker wichen bei der Planung ihrer Häuser oft von dieser Anordnung ab. In einem Haus, das mehr als 100 Menschen beherbergen und eine große Versammlungshalle, Küchen und andere Räumlichkeiten besitzen sollte, erwies sich ein einziger offener Kamin als unpraktisch. Statt dessen heizten die Shaker mit geschlossenen Öfen, deren Ofenrohre zu einem gemeinsamen Schornstein führten. Bittere Erfahrungen mit Feuersbrünsten hatten die *Believer* gelehrt, daß geschlossene Öfen die sicherste Möglichkeit boten, ein Holzhaus zu beheizen. Außerdem erwiesen sich diese Öfen als sehr sparsam und dennoch effizient.

Die Innenarchitektur eines Shaker-Hauses wurde in erster Linie vom Streben nach peinlicher Sauberkeit bestimmt. Verbunden mit der Verweigerung jeglicher weltlicher Schnörkel und den soliden, bodenständigen Fähigkeiten der Shaker-Handwerker entstand als Nebeneffekt die Wirkung von unkomplizierter Ausgewogenheit und Leichtigkeit. Trotz aller Schlichtheit fehlte es auch in einem Shaker-Haus nicht an Farben. Die Shaker lehnten nicht jede Form von Schmuck und Verschönerung ab – allerdings war das Verhältnis zu den Farben ihrer Gemeindehäuser, Schlaf- und Lagerräume eher religiös-weltanschaulicher Natur. Wie wir bereits wissen, glaubten die Shaker fest daran, daß auf ihren Stühlen auch Engel gut sitzen könnten. Vor dem Hintergrund ihrer göttlichen Inspiration deuteten sie ihr Umfeld als irdische Manifestation des Paradieses. Ein *Believer* stellte sich den Himmel sauber, einfach und in gedämpften Blau- und Grüntönen vor, mit einem Fußboden, auf dem das Sonnenlicht spielte und der durch unaufhörliche religiöse Tänze in eigens dafür angefertigten weichen Schuhen spiegelblank poliert war. Der Versammlungsraum der *Centre Family* in Pleasant Hill, Kentucky, spiegelt diese Übertragung des Himmels in die irdische Sphäre wider. Die Wände sind verputzt und werden von einer hohen gewölbten Decke getragen, ähnlich der des Gemeindehauses in New Lebanon. Den Fußboden bilden – wie bei anderen Shaker-Gebäuden üblich – sauber verlegte, blank gebohnerte Dielen aus Kiefernholz. Die bis auf 90 cm Höhe reichende Wandvertäfelung ist passend zu den Fensterrahmen und der Shaker-Leiste an den Wänden dunkelgrün gestrichen. Untypisch an diesem Raum ist ein spitzbogenförmiges Fenster über der Tür. Das Gemeindehaus selbst ist nach Osten ausgerichtet, so daß durch die großen Fenster den ganzen Tag über Sonnenlicht dringt. Dadurch wirken die Räume warm und freundlich. Sie zeigen jenes »göttlich inspirierte« Ambiente, das für die gesamte Shaker-Architektur in all ihren Erscheinungsformen so charakteristisch ist.

RECHTS *Shaker-Interieur mit Mansardenfenster. In und auf der Nähkommode finden sich Nadelkissen und andere Näh-Utensilien sowie ein Satz Spanschachteln. Auf der Fensterbank steht ein Garnwickler.*

4

AUSBREITUNG DER SHAKER IN AMERIKA

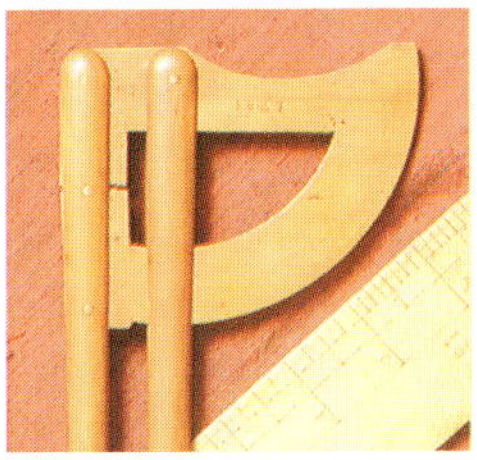

LINKS *Das Gemeindehaus in Canterbury, New Hampshire, 1792.*

OBEN *Shaker-Zeltlager. In den frühen Tagen der Sekte kamen in solchen* Meeting-Camps *die Shaker aus dem ganzen Land zu Gebet und Gottesdienst zusammen.*

Die Entwicklung der Shaker ist eng verknüpft mit dem Heranwachsen eben jener Nation, die wir heute unter dem Namen Amerika kennen. In der Verfassung von 1791 wurden in zwei Artikeln die Freiheit der Rede und die Gleichheit aller Menschen zu grundlegenden Prinzipien erhoben. Diese beiden Fundamente der amerikanischen Gesellschaftsordnung stehen der Philosophie der Shaker sehr nah. Die amerikanische Revolution und Unabhängigkeitserklärung ebneten den frischgebackenen Bürgern der ursprünglich dreizehn Staaten den Weg zur Eroberung des Kontinents. Durch den Kauf von Louisiana im Jahr 1803 erweiterten sich die Grenzen bis zu den Rocky Mountains; und für die stolze Summe von 15 Millionen Dollar wurden Napoleon die franko-hispanischen Ansprüche auf die Neue Welt abgekauft. Dank des »größten Immobilien-Geschäfts der Geschichte« konnten die Siedler auf der Suche nach dem sagenhaften Land der Verheißung in ein riesiges kontinentales Hinterland vordringen. Dieser historische Kauf hatte die Nation um das Doppelte vergrößert, und dementsprechend wuchs auch das Entwicklungspotential. Für die Shaker hätten die Lebensbedingungen nicht besser sein können, und so verdanken sie die rasche Ausbreitung und Festigung ihrer Religion in erster Linie einer Reihe von glücklichen Zufällen.

Die ersten Shaker-Gemeinden gründeten Ann Lee und ihre Anhänger an der Ostküste im Staat New York. Höchstwahrscheinlich erwarb John Hockley – ein Mitglied jener Pioniergruppe, die im Jahr 1774 von England nach Amerika kam – das erste Stück Land. Obwohl er den größten Teil der Summe für die Überfahrt aufgebracht hatte und somit entscheidend an der Geburt der Shaker-Bewegung beteiligt war, ist ansonsten wenig über ihn bekannt. Nach den bescheidenen Anfängen in den Wäldern der Stadt Albany im

Staat New York, wo Shaker-Siedler eine Lichtung geschlagen und Blockhütten errichtet hatten, wuchs die Bewegung zu dem heran, was später als die erste kommunistische Gemeinschaft der USA bekannt wurde.

Eine bedeutende Rolle bei der Verbreitung der Shaker-Religion zu Beginn des 19. Jahrhunderts spielte die sogenannte *Kentucky Revival*, die im Jahr 1801 begann. Charles Nordhoff beschrieb sie als »einen bemerkenswerten religiösen Aufruhr, der etliche Jahre anhielt und außergewöhnliche und oft auch furchtbare körperliche Ergebnisse zeitigte. In verschiedenen Regionen fanden Camps statt, zu denen Tausende herbeiströmten: Männer, Frauen und selbst kleine Kinder stürzten in krampfhaften Zuckungen zu Boden, laut schreiend und mit Schaum vor dem Mund«. Dieser religiöse Wahn fegte durch die Städte des Viehzüchter-Staates, und mit ihrer Adventisten-Heilsbotschaft stießen die Shaker in Kentucky auf offene Ohren.

OBEN *Selbst einfache Gebrauchsgegenstände wie diese Holzschaufel wurden von den Shaker-Handwerkern wunderschön gearbeitet.*

RECHTS *Eine pedalbetriebene Zapfenloch-Maschine zum Ausstemmen von Nut- und Schwalbenschwanzverbindungen, um 1830–1840, New Lebanon, heute Shaker Museum New York.*

LINKS *Das Wachstum der Shaker-Bewegung erforderte die exakte Planung neuer Gemeinden, in denen Harmonie und Gemeinsinn gedeihen sollten. Die Genauigkeit der Shaker-Entwürfe für ihre Bauten lag nicht zuletzt an der geschickten Handhabung von geometrischen Geräten.*

Im Jahr 1807 veröffentlichte Richard McNemar, ein Shaker-Stuhlhersteller, seine Eindrücke von der *Kentucky Revival* in einer Schrift mit dem Titel *The Kentucky Revival or a Short History of the late extraordinary outpouring of the spirit in the Western States of America* (Die Kentucky-Wiedererweckungsbewegung oder ein kurzer Abriß der jüngsten ungewöhnlichen Ausgießung des Heiligen Geistes in den westlichen Staaten Amerikas). Manche Teile dieses Berichtes klingen unglaubwürdig und schrecklich. Nach Meinung mehrerer Kommentatoren ist die Schilderung dieses Shakers glaubwürdig, der den außergewöhnlichsten Szenen als Augenzeuge beiwohnte. Während jener Zeit strömten riesige Menschenmengen zu behelfsmäßig errichteten Zeltlagern, um am eigenen Leib die »Ausgießung des Heiligen Geistes« zu erleben. Dies beschreibt McNemar folgendermaßen: »Zuerst wurden sie von starkem Herzklopfen erfaßt; dann von Weinen und Zittern, dem Ausbrüche tiefer Seelenqual folgten; und schließlich fielen sie ohnmächtig zu Boden, bis jegliches Lebenszeichen von ihnen gewichen war und sie wie in Trance wirkten.« Diese Symptome traten manchmal bei vielen Gläubigen gleichzeitig auf. Wie in Cabin Creek im Mai 1801, als »eine große Anzahl Menschen in der dritten Nacht zu Boden fiel; damit sie nicht von der Menge niedergetrampelt wurden, legte man alle ordentlich in zwei Reihen auf den Boden des Gemeindehauses, so daß es am Ende aussah, als würden viele Leichen den Fußboden bedecken«. Das Erlebnis solch religiöser Leidenschaft führte nach Aussage von McNemar häufig zu einer Art Massenhysterie: »Jedes Geschlecht oder jede Hautfarbe, jede Klasse oder jeder Rang wurde durchdrungen vom Einfluß des Heiligen Geistes, vom Alter von acht Monaten an bis zu 60 Jahren.«

Als die Shaker von den Geschehnissen in den Bezirken von Kentucky hörten, schickten sie drei Männer aus New Lebanon auf die Reise. Sie sollten ihre Glaubensbotschaft verkünden. Zweifellos hatte auch jene Delegation, die sich auf dem Weg nach Kentucky befand, bemerkt, daß die Zuckungen und Zusammenbrüche auf den religiösen Versammlungen den Erregungszuständen der Shaker zum Verwechseln ähnelten. Die Ausweitung der Bewegung auf Kentucky war zwar ein göttlich inspirierter, aber nichtsdestoweniger schlauer Schachzug. Am Neujahrstag 1805 brachen Benjamin Youngs, John Meacham und Issacher Bates von New Lebanon aus auf und legten an die 1.000 Meilen zu Fuß zurück. Das Ergebnis ihrer Reise waren zwei neugegründete Gemeinden in Ohio, zwei in Kentucky und eine in Indiana, letztere existierte dort nicht lange, sondern zog nach Kentucky um. Zwanzig Jahre zuvor war Mutter Ann in ähnlicher Weise von Watervliet aus aufgebrochen. Die Jahre von 1781 bis 1783 hatte sie auf der Straße verbracht, wo sie allen, die es hören wollten, das Shaker-Evangelium verkündete. Zweifellos hatten ihre Erfahrungen im Gefängnis sie zu diesem Schritt ermutigt, wo sie mit einigen ihrer Gefolgsleute im Jahr 1780 gesessen und

OBEN *Die Ausbreitung der Shaker in Amerika führte zum Aufbau eines lukrativen Samenhandels, dessen Sämereien für Sortenreinheit und gleichbleibende Qualität berühmt waren.*

durch die Stäbe der Zelle hindurch den Leuten gepredigt hatte. Nach ihrer Freilassung durch Gouverneur George Clinton hatte sie sich einen rhetorischen Ruf erworben, der ihr bei der Verbreitung der Shaker-Doktrin zugute kam.

Die Gemeinden, die in den folgenden 111 Jahren gegründet wurden, reichten von Watervliet im Osten bis nach Kentucky im Westen und selbst bis nach Florida im Süden. Wirtschaftliche Stärke und Mitgliederzahl betreffend, erreichten die Shaker-Gemeinschaften ihren Höhepunkt im frühen 19. Jahrhundert. Um die Mitte jenes Jahrhunderts ging zwar die Mitgliederzahl zurück, in wirtschaftlicher Hinsicht waren die Shaker aber noch relativ ungefährdet. Im anfänglichen Bestreben, sich entlang der Grenzen des neuen Amerikas anzusiedeln, hatten sie ihre Bemühungen um wirtschaftliche Sicherheit oft übertrieben. Wenn die Produktionsstätten und Farmen erst einmal aufgebaut und nach den strengen Shaker-Richtlinien in Gang gesetzt waren, liefen sie wie von selbst. Und obgleich einige Gemeinden Geld einbüßten, weil sie gegen die Maxime »zahle immer sofort« verstießen, wirtschafteten die meisten recht erfolgreich. Und jene, bei denen dies nicht der Fall war, standen gewöhnlich unter dem Schutz einer größeren Gemeinde, so daß es niemals zum absoluten Ruin kommen konnte.

UNTEN *In vielen heranwachsenden Gemeinden gehörte die Korbflechterei zu den einträglichsten Erwerbszweigen. Die Körbe brachten nicht nur dringend benötigtes Geld ein, sondern waren auch ausgesprochen nützliche Utensilien für Shaker-Küchen, -Gärten und -Felder.*

In den Jahren nach 1850 nahm die Anzahl der Shaker-Mitglieder ab, die handwerkliche Produktion und Landwirtschaft standen jedoch immer noch in voller Blüte. Die meisten bekannten Bauwerke und Ansiedlungen waren in den ersten 40 Jahren des Jahrhunderts entstanden. Als Charles Nordhoff zu jener Zeit seine Beobachtungen über die Shaker niederschrieb, illustrierte er ihr Umfeld, ihre Interessen, Produktionen und die Menschen selbst in der Blütezeit ihrer Existenz – und am Vorabend des amerikanischen Bürgerkrieges.

Die im Jahr 1793 gegründete Shaker-Gemeinde in Alfred, Maine, gehörte zu den ersten wirtschaftlich erfolgreichen Gemeinschaften. Inmitten der Hügel des Distriktes York erstreckte sie sich über 1.100 Morgen Land, das ausreichende Wasserkraft zum Antrieb der Maschinen bot. Die aus zwei Familien bestehende Gemeinde wurde im Jahr 1794 in den geistlichen Stand erhoben. Wirtschaftliches Rückgrat bildeten die Züchtung von Sämereien und die Herstellung von Besen, Drahtsieben und Trockenmaßen. Es gab eine Ger-

RECHTS *Eine Scheune in Pleasant Hill, Kentucky.*

berei für den Lederbedarf der Gemeinde sowie eine Kornmühle, die zwar den Shakern gehörte, aber an Betriebe außerhalb vermietet wurde. Gewöhnlich regelten die Frauen das Leben in den Wohnhäusern und fertigten Fächer und Körbe an, die im Sommer in nahegelegenen Küstenstädten verkauft wurden. Übrigens soll ein Shaker aus Alfred die erste Kreissäge der USA entwickelt haben.

Die Gemeinde in New Gloucester, Maine, wurde im Jahr 1794 ins Leben gerufen. Ursprünglich gehörten ihr Farmer, Kaufleute, Drucker, Weber und einige Mechaniker an. In ihren besten Jahren bestand die Gruppe aus zwei Familien, der *Gathering Family* und der *Church Family*. Diese Gemeinde war eine blühende Siedlung mit 150 Mitgliedern, die nicht nur stolze 2.000 Morgen Land, eine Sägemühle, eine Kornmühle und eine mechanische Werkstatt vorzuweisen hatte, sondern auch Saatgut züchtete und Besen, Trockenmaße und Drahtsiebe herstellte. Außerdem erfanden ihre

LINKS *Ein zusammenklappbarer Musterkoffer für den Transport von getrockneten Kräutern, die ein weiteres ökonomisches Standbein der Shaker darstellten.*

LINKS *In vielen Gemeinden hatten sich die Shaker auf die Herstellung von Bürsten und Besen spezialisiert. Produkte aus den Shaker-Manufakturen wurden allgemein wegen ihrer Haltbarkeit und Zweckmäßigkeit hochgeschätzt.*

Bewohner ein besonderes Spinnrad für Strumpfwolle, das man heute nur noch in Maine und New Hampshire besichtigen kann. Haupteinnahmequelle der Gemeinde war die Produktion von Eichendauben für Fässer, in denen Melasse transportiert wurde. Hewitt Chandler, ein Mechaniker der Siedlung, erfand eine vereinfachende und beschleunigende Methode zum Biegen der Faßdauben vor dem Zusammensetzen. Er führte auch eine Mähmaschine ein, die in New Gloucester hergestellt und viele Jahre an die »Welt« verkauft wurde. Im Jahr 1858 verkauften die Shaker-Schwestern von New Gloucester für insgesamt 1.000 Dollar ihre selbst eingelegten Essiggurken.

Zu den größten und erfolgreichsten Gemeinden gehörte Canterbury, New Hampshire. Auf 3.000 Morgen Land lebten drei Familien in einer im Jahr 1792 gegründeten Gemeinschaft. Sie besaßen nicht nur riesige Ländereien, sondern betrieben im Westen des Staates New York auch eine Schafzucht mit 800 Tieren. Auf dem Produktionssektor kam diese Gemeinde dem am nächsten, was man Industrie im großen Maßstab nennen könnte. Dort entwickelten und produzierten die Shaker große Waschmaschinen und Mangeln, die sie an Hotels in Boston und New York verkauften. Und da die Gemeinde das Patent für diese Maschinen besaß, bedeuteten sie eine zuverlässige Einkommensquelle. Die Familien von Canterbury erleichterten sich den Arbeitsalltag durch die Einrichtung einer Dampfwäscherei, die die ordentliche Bekleidung der Brüder und Schwestern (auf dem Höhepunkt der Gemeinde 300 an der Zahl) garantierte. Die Tätigkeiten der Gemeindemitglieder sicherten den einmal erreichten Lebensstandard. Neben der üblichen Herstellung von Besen und diversen Utensilien für Touristen sowie dem Betreiben einer Sägemühle verkauften die Shaker dieser Gemeinde auch Heu und Wollstoffe. Außerdem stellten sie Sarsaparilla-Sirup und Öl aus den beerenartigen Früchten des amerikanischen Wintergrüns her. Zusätzlich fertigten sie auf ihren Strickmaschinen zahlreiche Wollsocken. Eine Gerberei produzierte Leder für Schuhe, Stiefel, Sättel und Peitschen, während in anderen Werkstätten Mörser und Siebe hergestellt wurden. Nach Einführung der Dampflokomotive um 1830 besaß die Gemeinde auch ein Hotel in der Nähe der Eisenbahnstrecke. Es war ein imposanter roter Backsteinbau, in dem sowohl Besucher der nahegelegenen Schwefelquelle als auch Shaker selbst übernachten konnten. Während ihres Aufenthaltes mußten sich die Gäste nach den Shaker-Regeln richten. Auf einem Schild an der Rezeption stand: »Verheiratete Personen, die bei uns über Nacht verweilen, werden höflichst darauf hingewiesen, daß beiden Partnern für die Dauer des Aufenthaltes getrennte Schlafzimmer zugewiesen werden.«

UNTEN *Eine Druckerei der Shaker. Unter der Leitung von* Elder William Deming *druckten und verbreiteten die Shaker in New Lebanon (später Mount Lebanon) einige Traktate, aber auch die regelmäßig erscheinende Zeitung* The Shaker.

Die Gemeinde in Enfield, New Hampshire, wurde im Jahr 1793 in den geistlichen Stand erhoben; sie ist bekannt für ihre enormen Wohnhäuser aus Granit auf dem 3.000 Morgen großen Gelände. Das sechsstöckige Haus der *Church Family* steht auf einer Grundfläche von 30 x 18 Metern. Zur Blütezeit zählte die Gemeinde 330 Mitglieder, aufgeteilt in drei Familien. Die *Church Family* genoß die Vorzüge einer mit Wasserkraft angetriebenen Wäscherei, die anstelle der üblichen Wringmaschinen eine Schleuder besaß. Die Shaker von Enfield gehörten zu den ersten Gemeinden, die mit Zucht und Verkauf von Sämereien ihr Geld verdienten, aber wie andere Shaker-Gemeinschaften betrieben sie auch unterschiedliche Werkstätten. Sie fertigten Trockenmaße, Eimer und Bottiche an und trockneten Kräuter, Wurzeln und Pflanzen für medizinische Zwecke. Aus Enfield stammen patentierte Arzneimittel wie *Shaker Anodyne* und *Fluid Valerian Extract.* Strickmaschinen produzierten Flanellhemden, Unterhosen und Socken; die Schwestern nähten in Handarbeit Hemden für den Markt in Boston. Im Frühjahr bereiteten sie Ahornsirup und im Winter Apfelmus zu und buken Brot und Pasteten für den Verkauf in den umliegenden Dörfern. Die Gemeinde besaß eine Kornmühle und eine Wollspinnerei, beide wurden an die »Welt« vermietet. Entgegen der Maxime, nur Dinge für den alltäglichen Gebrauch zu erfinden, entwickelte in der Enfield-Gemeinde ein Bruder ein Taschenstereoskop.

Im Gegensatz zur fast industriellen Ausrichtung vieler Shaker-

OBEN *Auch heute noch werden die berühmten ovalen Spanschachteln hergestellt und verkauft. Hier bereitet ein Handwerker die »Schwalbenschwanz-Verbindung« der Seitenwände vor.*

Gemeinden verdienten manche auch weiterhin ihren Unterhalt mit der Landwirtschaft. Zu diesen gehörten die Brüder und Schwestern der Gemeinde in Enfield, Connecticut. Die Siedlung wurde im Jahr 1790 auf 3.300 Morgen Land gegründet und bestand aus vier Familien. Zur Blütezeit gehörten ihr 200 Mitglieder an. Als beginnende Automatisierung und technisch hochentwickelte Verfahren zur Schließung der ursprünglichen Bleirohrfabrik führten, wendeten sich diese Shaker der Viehzucht als Haupterwerbszweig zu. Durch den Verkauf von Heu konnte Mais erworben werden, der getrocknet und gelagert wurde.

Die Harvard-Gemeinde in Massachusetts aus dem Jahr 1793 lebte auf 1.800 Morgen Land und stützte sich auf das landwirtschaftliche Selbstversorgungsprinzip. Außerhalb der Hauptsiedlung besaß sie zwei weitere Farmen in Michigan und Massachusetts. In ihren besten Jahren lebten in der Harvard-Gemeinde vier Familien mit insgesamt 200 Mitgliedern. Diese Shaker stellten zwar auch Besen her, trockneten Kräuter und züchteten Pflanzen, lebten aber im großen und ganzen sehr nah am Shaker-Ideal der Selbstgenügsamkeit ohne Profit. Die ursprüngliche Philosophie der Shaker besagte, daß man gerade genug zum Leben haben und nur für Notzeiten etwas auf die Seite legen sollte. Natürlich hielten sich nicht alle Gemeinschaften an dieses Gebot. Die Gemeinde von Shirley, Massachusetts, besaß neben 2.000 Morgen Land etliche außerhalb gelegene Farmen. In ihrer Blütezeit verdienten die 150 Bewohner der Gemeinde ihren Lebensunterhalt mit der Herstellung und dem Verkauf von fünf bis sechs Tonnen Apfelmus im Jahr sowie mit eingemachten Früchten, Gelees, sauren Gurken, Mais, Ahornzucker und den allseits beliebten Besen.

Die Shaker der Gemeinde New Lebanon, New York, aus dem Jahr 1787 (die um 1860 in Mount Lebanon umbenannt wurde) galten als Urgemeinschaft der gesamten Bewegung. Es gab Zeiten, da lebten auf den insgesamt 3.000 Morgen Land 500 bis 600 Shaker,

LINKS *Maschinenhaus in Hancock, Massachusetts.*

aufgeteilt in sieben Familiengruppen. In New Lebanon herrschte an nichts Mangel, die Shaker besaßen weitere Farmen in einigen anderen Staaten und kassierten als Pacht die Hälfte der eingebrachten Ernte. Zu den Erträgen aus Landbesitz kam der Gewinn, den der Handel mit Saatgut, Besen, Kräutern und Kräuterextrakten, Mais, Stühlen, Bohnerbesen, gewebten Matten, Fächern und Staubwedeln einbrachte. Außerdem betrieb man in New Lebanon eine umfangreiche Schafzucht.

Die Brüder und Schwestern in Watervliet, New York, spekulierten im großen Rahmen mit Liegenschaften. Außer den 4.500 Morgen, auf denen ihre Siedlung stand, besaßen sie noch weitere 32.000 Morgen Land in anderen Staaten, auf denen sie Schafe züchteten. Diese Shaker-Gruppe bestand aus 350 Mitgliedern, die in vier Familien unterteilt waren. Weitere einträgliche Unternehmen waren eine Gerberei, die allerdings nur kurze Zeit existierte, der Anbau

von Zuckerhirse und Zuckermais, eine Konservenfabrik für Früchte und Gemüse, der Anbau und Verkauf von Saatgut sowie die Anfertigung von Schuhen, Teppichen, Kleidung und Mobiliar. Diese Gemeinde beschäftigte gleichzeitig bis zu 75 Arbeiter von außerhalb. Nach Ansicht einiger *Elders* verwässerten die wirtschaftliche Expansion und die Beziehungen zur profanen Welt die Reinheit der Lehre, aber die ökonomische Vernunft erforderte ein erfolgreiches Gedeihen der Geschäftszweige zum Wohle der gesamten Shaker-Bewegung. Zeitweise bedeutete dies eine Gratwanderung zwischen den Interessen der »Welt« und denen einer in sich abgeschlossenen Gesellschaft. Allein um ihren Verpflichtungen nachzukommen, mußte die Gemeinde von Watervliet ihre Kontakte zur Außenwelt aufrechterhalten. So war man zum Beispiel für das Wohlergehen der einzigen nur aus Schwarzen bestehenden Familie der Shaker-Bewegung verantwortlich. Diese bestand aus zwölf Frauen – befreiten Sklavinnen, die der Sekte beigetreten waren. Im Unterschied zu den anderen Shaker-Familien lebten sie tagsüber außerhalb der etablierten Gemeinde in Philadelphia und arbeiteten als Hausmäd-

OBEN *Die Shaker bemühten sich um größtmögliche Unabhängigkeit bei der Sicherung ihrer Existenz. So führten Apfelanbau und -ernte dazu, daß Apfelmus einen festen Platz auf dem Speiseplan der Shaker bekam. Oft wurde es abends mit Milch und Brot gegessen.*

LINKS *Zur Heimarbeit der Shaker zählten die Medikamentenherstellung und das Spinnen von Wolle. Dieses charakteristische Spinnrad wurde von den Shaker-Schwestern benutzt.*

chen in Privathaushalten. Am Ende eines jeden Arbeitstages kehrten sie in das Shaker-Wohnhaus zurück.

Oft genügte zur Gründung einer Shaker-Gemeinde die Begegnung mit einem ortsansässigen Farmer, dem der Sinn nach Erlösung stand. Da die Shaker-Regel vorsah, daß alle neuen Mitglieder ihre gesamte Habe der Allgemeinheit der Sekte übertragen mußten, verfügten neue Gemeinden oft über eine gute und solide Anfangsbasis. Eine neue Ansiedlung entstand in Ohio nach dem Shaker-Engagement bei der *Kentucky Revival*. Die drei Missionare, die man von New Lebanon ausgesandt hatte, trafen unterwegs auf Malchus Worley, der sich zum *Believer* bekehren ließ und sein Land den Shakern vermachte. Im Jahr 1805 wurde die Gemeinde von Union Village auf dem 4.500 Morgen großen Land, das ehemals Worley gehörte, ins Leben gerufen: Nach und nach wuchs sie zu einer Gemeinde mit vier Familien und 600 Bewohnern. Während der *Kentucky Revival* im Jahr 1809 wurde auch die Gemeinde in South Union, Kentucky, gegründet. Auf 6.000 Morgen Land fanden 350 Mitglieder in vier Familien eine Heimat. Als Folge des Sklavereiverbots am Ende des Bürgerkriegs erhielten die Shaker Zuwachs von reumütigen Sklavenhaltern, die nun Seite an Seite mit ihren

OBEN *Ein breiter Shaker-Besen. Mit diesen Besen kehrte man die großflächigen Holzböden in allen Wohnhäusern.*

RECHTS *Landwirtschaftliche Gebäude in Hancock, Massachusetts.*

früheren Leibeigenen lebten und Brüderlichkeit und Gleichheit praktizierten.

Gewiß verführte der wirtschaftliche Erfolg viele Shaker-Gemeinden zu einer eher selbstgefälligen Haltung. Hatte sich eine Shaker-Gemeinschaft in einem Bezirk gut etabliert, wurde sie im Lauf der Zeit so wohlhabend, daß sie sich nicht mehr um neue Mitglieder oder um die Zukunft der Sekte als solche kümmern mußte und statt dessen eher eine »Laissez-faire«-Haltung entwickelte. Die historische Ausgangslage – die Geburt einer neuen Nation mit Ideen, die auf den ersten Blick mit denen der Shaker korrespondierten, und der Wunsch vieler ums Überleben kämpfender Amerikaner nach einer Ordnung und spirituellen Orientierung – verhalf den Shakern zu ihrem anfänglichen Erfolg. Aber die Zeit stand nicht still, und Amerika veränderte sich. Innerhalb einer Zeitspanne von etwa 100 Jahren wurden an die 19 Shaker-Gemeinden gegründet sowie zahlreiche, kurzlebige Außenfamilien. Auf dem Gipfel der Bewegung zu Beginn des 19. Jahrhunderts gab es in den Vereinigten Staaten etwa 6.000 Shaker, heute sind es weniger als zwölf.

OBEN *Das Leben der frühen Kolonisten wird im Museumsdorf Sturbridge, Massachusetts, nachgestellt.*

LINKS *Shaker-Bauten in Hancock, Massachusetts.*

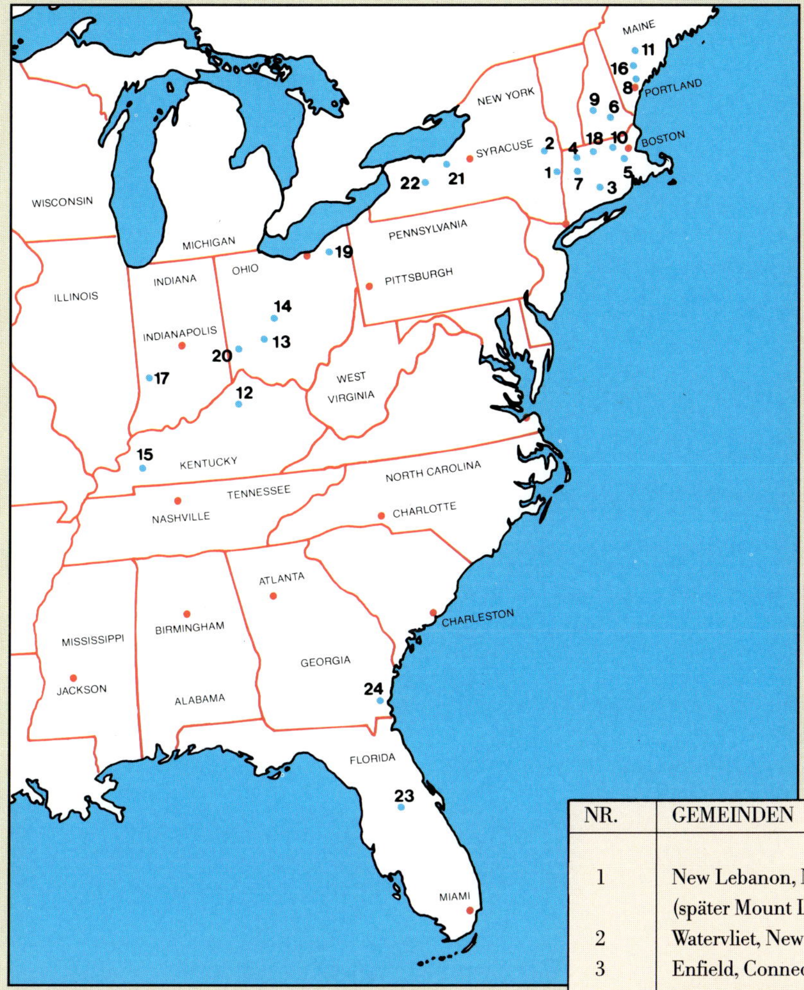

VERTEILUNG UND AUSBREITUNG
DER SHAKER IN DEN
VEREINIGTEN STAATEN

SCHLÜSSEL
- • Shaker-Gemeinden
- • Städte
- — Grenzen der Bundesstaaten
- ▲ Noch bestehende Gemeinde
- △ Restaurierte Gebäude oder Museum
- ◇ Ehemalige Gemeinde

NR.	GEMEINDEN		GRÜNDUNGSDATUM
1	New Lebanon, New York (später Mount Lebanon)	△	1787
2	Watervliet, New York		1787
3	Enfield, Connecticut	△	1790
4	Hancock, Massachusetts	◇	1790
5	Harvard, Massachusetts	△	1791
6	Canterbury, New Hampshire	◇	1792
7	Tyringham, Massachusetts	▲	1792
8	Alfred, Maine	◇	1793
9	Enfield, New Hampshire	◇	1793
10	Shirley, Massachusetts	△	1793
11	New Gloucester, Maine (später Sabbathday Lake)	◇ ▲	1794
12	Pleasant Hill, Kentucky	△	1806
13	Union Village, Ohio	◇	1806
14	Watervliet, Ohio	◇	1806
15	South Union, Kentucky	△	1807
16	Gorham, Maine	◇	1808
17	West Union, Indiana	◇	1810
18	Savoy, Massachusetts	◇	1817
19	North Union, Ohio	◇	1822
20	Whitewater, Ohio	◇	1824
21	Sodus Bay, New York	◇	1826
22	Groveland, New York	◇	1836
23	Narcoossee, Florida	◇	1896
24	White Oak, Georgia	◇	1898

5

LEBEN, ARBEIT UND RELIGIOSITÄT

LINKS *Manche Erwerbszweige der Shaker wie die Schafzucht in kleinem Rahmen haben sich bis heute in den inzwischen stark reduzierten Gemeinden erhalten.*

Der *Summary View* wurde zu Beginn des 19. Jahrhunderts veröffentlicht. Er faßte die Lebensregeln der Sekte zusammen und richtete sich sowohl an die Mitglieder der Bewegung als auch an die Außenwelt. In dieser Schrift stand, daß »alle Shaker gleichermaßen gehalten sind, sich im Rahmen ihrer Fähigkeiten für das gemeinsame Wohl zu engagieren, und deshalb soll ein jeder mit eigenen Händen an einer nützlichen Sache arbeiten, zugunsten gegenseitiger Annehmlichkeit und gegenseitigem Nutzen, für sich selbst, alle anderen und zum allgemeinen Wohl der Familie oder Gruppe, der er angehört«. Demzufolge gab es bei der Arbeitsverteilung keine hierarchischen Unterschiede, und man erwartete auch von allen *Ministers, Elders, Eldresses*, Diakonen und Diakonissen, daß sie irgendeine sinnvolle Tätigkeit zum Wohl ihrer Gemeinde verrichteten.

LINKS *Eldress Gertrude, eine der letzten Shaker-Schwestern, beim Stricken auf ihrer Veranda in Canterbury, New Hampshire.*

OBEN *Die Schuhmacher-Werkstatt der Shaker-Brüder in Hancock, Massachusetts. Das Leder, das die eigenen Gerbereien produzierten, wurde in eigenen Schuhmacher-Werkstätten zu Schuhen für die Brüder und Schwestern der Gemeinde verarbeitet.*

Leben, Arbeit und Religiosität bildeten eine unantastbare Dreieinigkeit, deren Bestandteile unauflösbar miteinander verbunden waren. Für einen Shaker bedeutete das Leben Arbeit zur Besserung der Seele und somit auch zur Perfektionierung des irdischen Daseins. Der Gottesdienst war Teil dieses Lebens und diente ebenfalls dem gemeinsamen Wohl.

Zwischen den Geschlechtern fand allerdings eine Trennung statt, da die Ehelosigkeit als fundamentales Gesetz das Leben in einem Shaker-Wohnhaus bestimmte. Dieses Gebot lag in den *Millennial Laws* begründet und wurde zu allen Zeiten befolgt. Die einzige Gelegenheit zu einer zwischenmenschlichen Beziehung bot sich bei den gemeinsamen Versammlungen, die vielleicht dreimal wöchentlich in den Räumen der Brüder stattfanden. Während einer Stunde durften die Shaker über alles reden, was ihr Leben und ihre Arbeit in der Gemeinde anbetraf. Diese Versammlungen beschrieb Harvey Elkins aus Enfield, New Hampshire, in seiner Schrift *Fifteen Years in the Senior Order of Shakers* (1853) folgendermaßen:

BEI DEN VERSAMMLUNGEN BLEIBEN DIE SHAKER IN IHREN RÄUMEN, UND DIE SCHWESTERN, SECHS, ACHT ODER ZEHN AN DER ZAHL, TRETEN EIN, SETZEN SICH IN EINER REIHE DEN BRÜDERN GEGENÜBER UND PLAUDERN MIT DIESEN ZWANGLOS UND OFT SCHERZHAFT, ABER SELTEN IN DIE TIEFE GEHEND ... NIEMAND DARF DAS, WAS AUF DIESEN ZUSAMMENKÜNFTEN GESPROCHEN ODER GETAN WURDE, ANDEREN WEITERERZÄHLEN, DIE AUF EINER ANDEREN VERSAMMLUNG WAREN; DAS HÄTTE PARTEILICHKEIT UND ZWIETRACHT SÄEN KÖNNEN. ZWANZIG MINUTEN DER GEMEINSAM VERBRACHTEN ZEIT KONNTEN DEM SINGEN RELIGIÖSER LIEDER GEWIDMET WERDEN.

Obwohl äußerster Gemeinschaftsgeist gefordert war, hieß das noch lange nicht, daß Gruppenbildungen innerhalb der Sekte erwünscht waren. Die *Millennial Laws* verhinderten aufkeimende Parteien, die das zunehmend stabile Shaker-Boot zum Schwanken hätten bringen können. So verstieß es gegen die *Millennial Laws* von 1821, wenn Mitglieder einer Familie zum Plaudern auf dem Bürgersteig stehenblieben oder auf Spaziergängen mehr sprachen, als unbedingt nötig gewesen wäre, um etwas auszurichten oder sich nach dem Wohlbefinden eines Bruders oder einer anderen Schwester zu erkundigen. Darüber hinaus verboten sie, daß sich *Believer* untereinander enger anfreundeten und für einander besondere Geschenke anfertigten.

Was hielt die Shaker dann als Sekte letztendlich zusammen? Alle natürlichen Wege zur Stabilisierung einer Gesellschaft hatte man ausgeschaltet zugunsten eines erzwungenen und doch bereitwillig akzeptierten Kommunismus, der durch strenge Gesetze geregelt und durch das unbegrenzte Vertrauen auf die Kraft von Mutter Ann gestützt wurde. Bis zu einem gewissen Grad bedeutete die bewußte Trennung von der Welt den Zwang zum Zusammenhalt um der Selbsterhaltung willen. Nach der Gesetzgebung des Staates New York aus dem Jahr 1818 wurde jeder Bürger, der der Shaker-Sekte beitrat, im staatlichen Sinne für tot erklärt. Alle materiellen Werte, die er bei seiner Abkehr von der normalen Gesellschaft zurückließ, sollten so betrachtet werden, als sei er tatsächlich gestorben. Die gesetzgebenden Institutionen der Bundesstaaten versuchten freilich nichts anderes, als jeden störenden Einfluß auf die heranwachsenden Vereinigten Staaten zu unterbinden. Ohnehin hielt man die Shaker für eine Sekte überwiegend europäischen Ursprungs – Grund genug, ihnen zu mißtrauen.

Erst als ihre Erzeugnisse erfolgreich wurden und im großen Stil die Märkte eroberten, begann man, die Bezeichnung Shaker mit Vertrauenswürdigkeit und Zuverlässigkeit in Verbindung zu bringen, anstatt der Sekte mit Mißtrauen und Zweifeln zu begegnen. Vielleicht wollten die Shaker das Vertrauen und Verständnis der »Welt« auch gewinnen, indem sie ihre Türen zu den sonntäglichen Gottesdiensten öffneten und das Schauspiel ihrer Frömmigkeit zu einer Art Touristenattraktion machten. Das Gemeindehaus in New Leba-

RECHTS *Das Gemeindehaus in New (Mount) Lebanon, 1824. Dieses Gebäude war speziell für die Anwesenheit von 1.000 Zuschauern aus der »Welt« konzipiert, ein deutlicher Hinweis auf das Maß an Interesse, das der Shaker-Bewegung in der ersten Hälfte des 19. Jahrhunderts entgegengebracht wurde.*

OBEN *Abnehmbares Straßenschild mit dem Hinweis darauf, daß ein Shaker-Dorf an Sonntagen für Passanten gesperrt sei – dieser Tag war der Ruhe und dem Gottesdienst vorbehalten.*

GEGENÜBER *Typischer Shaker-Wirtschaftsraum im Fruitlands-Museum in Harvard, Massachusetts. Wirtschaftsraum und Küche bildeten für die meisten Shaker-Schwestern den Mittelpunkt der täglichen Arbeit.*

non hatte man für die Aufnahme von bis zu 1.000 Gästen konstruiert. Die anfänglichen Reaktionen auf die Shaker-Andacht reichten von amüsierter Ablehnung bis zu aufrichtiger Akzeptanz. Gewiß war das Schauspiel von 500 Shakern, die sich zum A-capella-Gesang der Vorsänger im Gleichschritt bewegten, ein beeindruckender Anblick, und die von Joseph Meacham eingeführten neuen Tanzschritte verliehen dem Ganzen noch mehr Würde. Hohn und Spott bezogen sich auf die extremen Manifestationen plötzlicher spiritueller Eingebungen – auf das, was die Shaker als »Überkommen des Heiligen Geistes« bezeichneten. Meacham setzte eine gleichförmige Tanzfolge durch, die ihm in einer Vision erschienen war. Berücksichtigt man, daß das Leben der Shaker die himmlische Existenz widerspiegeln sollte, waren diese neuen einfachen Schrittfolgen das irdische Abbild der Tänze, die die Engel um den Thron Gottes ausführten. Die Shaker eigneten sich bereitwillig die neuen Tänze an, die aus einfachen Vor- und Rückwärtsschritten bestanden, aus Verbeugungen oder Verbiegungen und einigen Drehbewegungen sowie schlurfenden Schritten. Die Hände hielt man vor den Körper – die Handflächen nach unten, um Segen zu spenden, die Handflächen nach oben, um Segen zu empfangen. Auf diese Weise förderte auch der Gottesdienst die Gleichheit unter den Teilnehmern: Alle Brüder und Schwestern konnten diese Schritte lernen und ausführen.

Auch wenn sie die Spontaneität bei ihren Tänzen einschränkten, sahen die Shaker doch niemals vom unvorhersehbaren, spirituellen Element ihrer Gottesdienste ab. Wie alle Spiritualisten glaubten sie fest daran, sich mit der geistlichen Welt verständigen zu können, und zwar während ihrer Verzückungen, dem Medium oder Instrument, durch das der heilige Geist mit den *Believern* sprach. Es gab deutliche Anzeichen dafür, wann der heilige Geist über den Empfänger der Gaben kam: Schütteln, in fremden Zungen sprechen oder in Zuckungen verfallen. Harvey Elkins beschreibt diese Vorgänge in seiner Schrift *Fifteen Years in the Senior order of Shakers*:

SIE DREHEN SICH SCHNELL AUF ZEHENSPITZEN, VERBEUGEN SICH, BIEGEN SICH, VERRENKEN SICH UND WIRBELN UM SICH SELBST, ALS WÜRDEN SIE AN DEN FOLGEN EINER VERGIFTUNG LEIDEN; SIE FALLEN IN OHNMACHT UND LIEGEN MIT STEIFEN GLIEDERN REGUNGSLOS HINGESTRECKT WIE EINE LEICHE, UND ES SIEHT AUS, ALS WÄRE JEDER FUNKE LEBEN AUS IHNEN ENTWICHEN; DANN PLÖTZLICH WIRKEN SIE WIE NEUGEBOREN UND STEHEN AUF UND SCHLIESSEN SICH DEN FROHLOCKENDEN ANDEREN SHAKERN AN, DIE DEN TANZ DER ENGEL UM GOTTES THRON NACHAHMEN.

Für manchen Außenstehenden ließ sich der wichtige spirituelle Aspekt der Shaker-Religion kaum nachvollziehen und führte zu einer noch stärkeren Mystik der Sekte. Zwischen 1837 und 1844 schlossen die Shaker-Gemeinden ihre Türen vorübergehend für die Außenwelt, angeblich, weil sie stärker als zuvor ihren religiösen Schwerpunkt auf das konzentrieren wollten, was sie Mutter Anns

LINKS *Eine Shaker-Schwester verbrachte gewöhnlich viel Zeit mit der Zubereitung der Mahlzeiten für die Brüder, die auf den Feldern, in den Werkstätten und Manufakturen arbeiteten. Oft mußten die Schwestern mehr als 200 hungrige Shaker auf einmal beköstigen.*

Werk nannten. Jener außergewöhnliche Abschnitt der Shaker-Geschichte verstärkte noch das Geheimnis, das sich um die Sekte rankte, während sich die Überzeugung der Shaker selbst im Hinblick auf ihre eigentliche Rolle auf Erden festigte: Sie betrachteten sich als das auserwählte Volk, das Zeuge vom Ende des Tausendjährigen Reiches werden sollte. Zu dieser Zeit entwickelten sie auch die Fähigkeit, Botschaften vom Himmel in der Sprache der Engel zu empfangen. Das akustische Himmelsgeschenk konnte nur derjenige verstehen, der ein Instrument Gottes war und dessen Gaben die enge Verbindung mit der spirituellen Welt bekräftigten. In den *Millennium-Hymnen* findet sich ein von Gott geschenktes Lied mit dem Titel »Himmlischer Führer«. Eine seiner Strophen illustriert, wie sich die Gabe, in »fremden Zungen« zu sprechen und zu singen, manifestierte:

Lo all vo, horcht ihr lieben Kinder und hört mir zu.
Denn ich bin das heilige se lone ka ra an wu.
Mein Werk auf Erden ist heilig, heilig und rein.
Ein Werk, das für immer und ewig wird sein.

Später, im Jahr 1844, als die Shaker ihre Gottesdienste wieder für die Öffentlichkeit zugänglich machten, wurden diese Lieder in die Schrittfolge der Tänze integriert und dem Publikum vorgeführt.

Abgesehen von jenen Normabweichungen, die der Empfang göttlicher Gaben mit sich brachte, führten die Shaker Tag für Tag ein geregeltes Leben. Shaker-Brüder und -Schwestern konnten mit ihrem Dasein zufrieden sein, das sie im allgemeinen frei von allen Wechselfällen der Mode, schuldhaften Verstrickungen und weltlichem Tand leben konnten. Im Sommer standen sie um 4.30 Uhr auf, im Winter um 5 Uhr. Nach dem Aufstehen begannen sie mit der Hausarbeit. In die Mitte der Schlafräume wurden zwei Stühle gestellt, die Betten abgezogen, das Bettzeug über die Stuhllehnen gehängt und die Kissen auf die Sitzfläche gelegt. Dann brachten die Brüder das Schmutzwasser fort, während die Schwestern die Betten richteten und den Fußboden kehrten. Frühstück gab es um 6.30, Mittagessen um 12, Abendessen um 18 Uhr. Spätestens gegen 21 oder 21.30 Uhr, wenn alle Bewohner schliefen, kehrte Ruhe im Wohnhaus ein.

Die Zeit zwischen Abendessen und Schlafenszeit war entweder der Entspannung oder dem Gebet vorbehalten. Im Jahr 1879 verliefen die Abende einer typischen Shaker-Woche in New (Mount) Lebanon folgendermaßen: Am Montagabend fand eine Versammlung aller Mitglieder statt, und man las Briefe aus anderen Gemeinden oder aus Zeitungen vor. Berichte über Verbrechen und Unfälle wurden weggelassen, da sie als »unzuträglich für Geist und Konstitution« betrachtet wurden. Dienstagabend wurde gebetet und ge-

OBEN *Shaker-Schwestern unterrichteten die angenommenen Kinder in speziell zu diesem Zweck gebauten Schulhäusern. Die Shaker-Schulen wurden von der obersten Regierungsbehörde der Vereinigten Staaten höher bewertet als vergleichbare Schulen der damaligen Zeit, was sowohl Angebot als auch Unterrichtsstandard anbelangte.*

LINKS *Die Haube einer Schwester auf einer Originalbank aus Canterbury, New Hampshire, heute im Shaker-Museum, Old Chatham, New York.*

tanzt. Die Mittwochabende waren den Hausversammlungen vorbehalten. Am Donnerstag fanden Gottesdienste statt, und freitags lernte man neue religiöse Lieder. Am Samstagabend wurde wieder getanzt und gesungen, und sonntags besuchten sich Brüder und Schwestern gegenseitig auf ihren Zimmern, um gemeinsam zu singen oder miteinander zu plaudern. Besuche erfolgten nur nach vorheriger Verabredung, und jedesmal war noch ein anderer Bruder oder eine andere Schwester als Anstandsperson zugegen. Die Abende bedeuteten für die Shaker sicherlich eine willkommene Abwechslung nach einem Tag in den Werkstätten oder auf den Feldern.

Obwohl die Tage arbeitsreich waren, plagten sich die Shaker nicht ab. Statt dessen arbeiteten sie beständig und langsam und immer darauf bedacht, ihre Produkte auf einem gleichbleibend hohen Qualitätsniveau zu halten. Da sie dem weltlichen Streben nach Reichtum und Erfolg abgeschworen hatten, fühlten sich die Shaker niemals untereinander als Konkurrenten. Jede notwendige Arbeit wurde freudig und bereitwillig angepackt, aus der sicheren Gewißheit heraus, daß alle Brüder und Schwestern einen Beitrag für das gemeinsame Wohl leisteten.

Der Shaker-Alltag wurde einerseits auf geistlicher Ebene von der Trennung von der äußeren Welt und andererseits in wirtschaftlichen und finanziellen Beziehungen von einer wachsenden Annäherung an eben diese Welt charakterisiert und bestimmt. Im allgemeinen standen die Shaker im Ruf, verläßliche, ehrliche und faire Handelspartner zu sein. Die Shaker-Gesetzgebung ließ es aber nicht zu, daß die Geschäftsinteressen über das zum Leben unbedingt Notwendige hinaus expandierten. Es gab aber auch Ausnahmen. Berühmt-berüchtigtes Beispiel ist die Geschichte von Caleb Dyer, der im Jahr 1813 mit 13 Jahren den Shakern beitrat. Mit 24 war er Vermögensverwalter der *Church Family* in Enfield, New Hampshire. Und im Alter von 38 Jahren stieg er zum Ersten Treuhänder auf und konnte die Finanzierung für das Wohnhaus aus Granit in Höhe von mehr als 35.000 Dollar kontrollieren. Der Reichtum dieser Gemeinde wurde durch die Gründung der Flanellfabrik im Jahr 1841 noch vergrößert. Unter Dyer erweiterte die Gemeinde ihre wirtschaftlichen Aktivitäten mit dem Kauf von Eisenbahn-Aktien, die durch die Errichtung einer Sägemühle in der Nähe der Eisenbahnlinie weiter abgesichert wurden. Es entstand ein vierstöckiges Maschinenhaus aus Granit für die *Church Family*, und im Jahr 1850 errichtete die *North Family* ein Backstein-Verwaltungsgebäude. Im Jahr davor hatte eine Gruppe von Shaker-Technikern eine Brücke fertiggestellt, und im Jahr 1854 wurde der große Stall der *South Family* erbaut. Zwei Jahre später wurden die Fundamente für eine Kornmühle gelegt und der Fluß zur Gewinnung von Wasserkraft eingedämmt. Im selben Jahr erweiterte man die Flanellfabrik, und bald hießen die drei größten Steu-

OBEN *Ein Umhang, wie ihn die Shaker-Schwestern im Winter trugen.*

erzahler der Region Caleb Dyer (*Church Family*), Samuel Beaker (*South Family*) und True W. Heath (*North Family*). Die Shaker waren in Enfield so erfolgreich, daß die Einwohner irgendwann sogar den Namen in Dyersville ändern wollten, was natürlich von den *Elders* verhindert wurde. Nachdem sich die Shaker-Mühlen-Gesellschaft mit Krediten verkalkuliert hatte und in finanzielle Schwierigkeiten geriet, wurde sie schließlich von A. Conant und Co. übernommen. Caleb Dyer wurde im Jahr 1863 von einer an der geschäftlichen Transaktion beteiligten Gruppe unter dubiosen Umständen angeschossen und starb drei Tage später – ohne einen einzigen exakten Beleg oder eine einzige korrekte Rechnung zu hinterlassen. Die nachfolgenden Gerichtsverfahren um den umstrit-

UNTEN *Rekonstruktion einer Shaker-Werkstatt im Fruitlands-Museum, Harvard, Massachusetts.*

tenen Mühleneigentum zogen sich an die 20 Jahre hin, und danach waren die Shaker von Enfield um etwa 20.000 Dollar ärmer.

Es war durchaus nichts Ungewöhnliches, daß jener Caleb Dyer weder Belege noch Rechnungen besaß, sondern lediglich Aufzeichnungen hinterließ, die er in einem Büchlein in seiner eigenen Kurzschrift notiert hatte. Die Vorstellung der Shaker von kommunaler Lebensform beinhaltete mit den Worten ihres *Elder* E.W. Evans folgendes: »Wir werden [niemals] irgendwelche Aufstellungen machen oder anfordern bezüglich Beteiligungen, Eigentum, Arbeiten oder Dienstleistungen, die etwas zu tun hatten oder zu tun haben werden mit den vorher erwähnten Zwecken.« Die »vorher erwähnten Zwecke« waren benannt als »natürlicher Schutz, Unterstützung, Wohlbefinden und Wohlfahrt aller Brüder und Schwestern im geistlichen Stand«. In vielen anderen Gemeinden bewahrte man Rechnungen, Journale und Bilanzen auf, die Shaker in Enfield jedoch legten ihr finanzielles Wohlergehen vertrauensvoll in die Hände von Caleb Dyer. Man kann ihm nicht nachsagen, daß er dieses Vertrauen mißbraucht hätte, letztendlich trug die allgemeine übermäßige Geschäftsausweitung der Shaker zu seinem Untergang bei. Wenn eine Shaker-Gemeinde gut funktionierte, neigte die »Welt« dazu, sie als etwas Besonderes hervorzuheben, und selbst Friedrich Engels, Mitbegründer des marxistischen Kommunismus, begriff den weltlichen Aspekt der Shaker-Gesellschaftsordnung als Beweis, daß die Versprechungen des Kommunismus realisierbar seien. Es überrascht nicht, daß Engels die mystischen und religiösen Anteile des Shaker-Lebens nicht mit seinem Modell einer erfolgreichen kommunistischen Gemeinschaft in Einklang bringen konnte. Für die Shaker jedoch waren die gemeinschaftliche und religiöse Seite untrennbar miteinander verknüpft.

Die egalitäre Einstellung der Shaker zu Leben, Arbeit und Gottesdienst gründete sich unmittelbar auf ihrer Theologie. Da für sie Gott die vollkommene Symbiose von gleichermaßen männlichen und weiblichen Anteilen darstellte und die Shaker-Bewegung die irdische Manifestation himmlischen Lebens beinhaltete, kam folgerichtig den Frauen derselbe Status zu wie den Männern – das war für die Politik des 18. und 19. Jahrhunderts in der Tat radikales Gedankengut. Die patriarchalischen Machtverhältnisse und Traditionen der »Welt« wurden auch durch den Glauben, daß Mutter Ann die zweite (weibliche) Erscheinung Christi war, auf den Kopf gestellt. Der Gleichheitsgedanke durchdrang alle Lebensbereiche –

LINKS *Aus dem Kräutergarten in Sabbathday Lake, Maine, werden immer noch getrocknete Kräuter verkauft, die einmal wichtiger Bestandteil der Shaker-Küche und auch des Handels waren.*

angefangen bei der Wertigkeit der Arbeit bis hin zur Verantwortung eines jeden Individuums für seine Familie. Die fortschrittlichen Gremien wie *Ministry* und Diözese waren sowohl mit Männern als auch mit Frauen besetzt, die über jeweils gleichwertige Stimmen bei Entscheidungen zur Verwaltung und Regelung des Lebens der Brüder und Schwestern verfügten.

Die Shaker-Gemeinschaften existierten als eine idealistische Enklave in einer Umgebung sich schnell verändernder Wertvorstellungen, Technologien und Verhaltensnormen, mit denen die Shaker bei ihren Geschäften mit der »Welt« konfrontiert wurden. Innerhalb der Shaker-Gesellschaft aber, wo ihre Werte und Ideale galten, bewährte sich erfolgreich die Verbindung von Leben, Arbeit und Religiosität in einer philosophisch und theologisch motivierten ganzheitlichen Existenz länger als 150 Jahre.

UNTEN *Landwirtschaft und Arbeit im Freien spielten eine große Rolle für Wirtschaft und Lebensform der Shaker.*

RECHTS *Diese weißgestrichenen Zäune fanden sich häufig um Wohn- und Arbeitsgebäude der Shaker.*

6

DIE KUNST DER SHAKER

LINKS *Bauernhäuser in Hancock, Massachusetts, in der Morgendämmerung.*

OBEN *Blick auf Hancock mit dem ungewöhnlichen Backstein-Wohnhaus und der Gerberei.*

Die in den Shaker-Werkstätten und -Manufakturen geschaffenen Produkte waren ursprünglich nicht als Kunstobjekte gedacht. Einzig und allein als Gebrauchsgegenstände für das tägliche Leben entstanden die ersten Stühle, Werkzeuge, Kerzenleuchter und Geräte zur Herstellung von Pillen. Die Shaker-Handwerker entwarfen sie getreu den Maximen, die ihnen die geliebte Mutter Ann hinterlassen hatte: »Die Hände bei der Arbeit, die Herzen bei Gott«, »Schönheit beruht auf Zweckmäßigkeit« und so fort. Um diese Alltagsgegenstände rankt sich ein Mythos, der rückblickend aus der Hektik unserer heutigen Zeit auf die selbstlose und utopische Lebensform der Shaker entstand – aus Dingen des täglichen Lebens wurden Kunstobjekte. Die zeitlosen Qualitäten der Shaker-Objekte repräsentieren all das, was man sich gemeinhin unter einem einfacheren Leben vorstellt. Ihren Status als Kunstobjekte erhielten sie auch, als sie von der Mode entdeckt wurden, zuerst um 1860 und dann wieder in den 30er Jahren des 20. Jahrhunderts. Die »Welt« nahm nun die Shaker-Objekte in jenes Wertesystem auf, das Gegenstände mit einem gewissen Alter zu gesuchten und teuren Statussymbolen macht. Die Auktionshäuser und Museen erhoben die

Shaker-Ästhetik zum Kultgegenstand mit Kunststatus – in völligem Widerspruch zu dem Geist, in dem die meisten Dinge der Shaker ursprünglich entworfen wurden. Während die Welt der Kunst und des Kunsthandels stets von den Kapriolen der Modeströmungen abhängt, wollten und brauchten die Shaker keinen Platz in diesem System. Wie konnten also diese kompromißlos einfachen und bescheidenen Gegenstände einen solchen Stellenwert in der modernen Welt erlangen?

Viele zeitgenössische Beobachter fanden an der Lebensführung der Shaker Gefallen. Der walisische Reformer Robert Owen träumte von der Mitwirkung aller Arbeiter an der industriellen Produktion und übernahm viele Ideen von der Lebens- und Arbeitsorganisation der Shaker-Gemeinden, die er zu Beginn des 19.

RECHTS *Ein Shaker-Korb vom Ende des 19. Jahrhunderts trägt die typische Shaker-Handschrift: angemessene Form, Zweckmäßigkeit und höchstes Können in Herstellung und Design.*

Jahrhunderts besuchte. Seine Baumwollspinnerei in New Lanark in Schottland war eine berühmte Arbeiter-Kooperative; allerdings ging es Owen weniger um einen ästhetischen Anspruch als vielmehr um arbeitsorganisatorische Fragen.

Auch der amerikanische Ableger der englischen Arts-and-Crafts-Bewegung, der in den 80er Jahren des 19. Jahrhunderts entlang der Ostküste florierte, ist den Shakern zu Dank verpflichtet: War die Gemeinschaft der Shaker doch das perfekte real existierende Beispiel für das Arts-and-Crafts-Ethos, das von William Morris, John Ruskin und C.R. Ashbee in Großbritannien postuliert wurde. Nachdem um 1860 die Shaker-Kunst in New York für kurze Zeit Popularität erlangt hatte, fanden schließlich ironischerweise die englischen Ideale in der amerikanischen Öffentlichkeit größeren Anklang. Die Arts-and-Crafts-Bewegung wollte Kunsthandwerk und Kunst vereinen, sie propagierte künstlerische Gestaltung und handwerkliche Qualität, die in vieler Hinsicht mit dem Handwerksstil

UNTEN *Ein Bänderwebstuhl, um 1839. Weitestgehende Autarkie im Leben der Shaker bedeutete, daß nach Möglichkeit sämtliche Geräte in den Werkstätten von Shaker-Brüdern hergestellt wurden.*

LINKS *Detail eines handgestrickten runden Teppichs, möglicherweise für den Verkauf an die »Welt« bestimmt.*

der Shaker übereinstimmten. Da die Ästhetik der Shaker viele Gemeinsamkeiten mit dieser Stilrichtung aufweist, wird sie oft mit ihr in Verbindung gebracht.

Der ästhetische Ansatz, der sich aus der Lebensform der Shaker bildete, wurde zur Tradition für die Shaker selbst und gehört heute anerkanntermaßen zur amerikanischen Kultur. Wo sich diese Ästhetik in reiner Form findet, in den Gemeindehäusern und Schlafräumen zum Beispiel oder selbst im einfachsten frühen Shaker-Stuhl, reicht ihre Wirkung weit über das Alltägliche und Zweckmäßige hinaus. Die Shaker bekannten, keine Verwendung für Schönheit zu haben, und beschrieben sie lieber als Zweckmäßigkeit. Aber gerade in dieser Zweckmäßigkeit liegt echte Schönheit, wie auch in der Perfektion der Handwerkskunst, die sich in allen Shaker-Produkten zeigt. Jene von Shaker-Hand geschaffenen Dinge existieren jenseits aller Modeerscheinungen und besitzen eine zeitlose Qualität, die als Relikt einer untergegangenen Utopie besteht. Eine Shaker-Schwester soll einmal gesagt haben: »Ich möchte nicht, daß man sich meiner als ein Möbelstück erinnert.« Aber gerade diese alten Möbel, zusammen mit den noch existierenden Gebäuden, sind uns als Vermächtnis des Shaker-Lebens erhalten geblieben.

REGISTER

Kursive Ziffern verweisen auf Abbildungen und teilweise auch auf Bildlegenden.

Bildnachweis und Danksagung

Die Fotografien in diesem Buch wurden aufgenommen von

Michael Freeman (Seite 1, 2, 5, 6, 12, 14, 15, 21, 28, 31, 35, 41, 44, 47, 49, 56, 59, 64, 65, 67, 68, 70, 72, 75, 76, 77, 78, 80, 81, 82, 83, 84, 85, 86, 87, 89, 91, 93, 94, 97, 98, 100, 101, 102, 104, 106, 107, 109, 111, 113, 114, 115, 116, 118 und 120)

und **Paul Rocheleau** (Seite 3, 7, 8, 10, 11, 14, 15, 23, 24, 25, 30, 32, 33, 34, 35, 38, 39, 40, 42, 43, 45, 46, 50, 51, 52, 54, 57, 58, 60, 61, 62, 63, 65, 71, 73, 74, 87, 89, 90, 92, 95, 96, 99, 100, 105, 110, 112, 113, 121, 122, 123, 124 und 125).

Außerdem handelt es sich um Aufnahmen aus der **Mary Evans Picture Library** (Seite 16, 17, 18, 20 und 88) und dem **American Museum in Bath** (Seite 36 und 37).

Unser Dank gilt außerdem der **Western Reserve Historical Society**, Cleveland (Ohio), für das religiöse Bild auf Seite 25 sowie der Sammlung der Darrow School für die Alphabet-Tafel auf Seite 10.